Janet G. Woititz

Um die Kindheit betrogen

Hoffnung und Heilung für erwachsene Kinder von Suchtkranken

Kösel

Aus dem Amerikanischen von Karin Petersen, Berlin.
Die Originalausgabe erschien unter dem Titel »Adult Children of Alcoholics« bei Health Communications, Inc., Deerfield Beach, Florida.

7., aktualisierte Auflage 2004

Druck und Bindung: Ebner & Spiegel, Ulm
Umschlag: Kaselow Design, München
Umschlagmotiv: Superstock
ISBN 3-466-30503-9

Gedruckt auf umweltfreundlich hergestelltem Werkdruckpapier (säurefrei und chlorfrei gebleicht)

Inhalt

Danksagung und Vorwort

Ich möchte all den vielen Menschen danken, durch deren Hilfe dieses Buch möglich wurde. Es sind Kinder aller Altersstufen von Alkoholiker-Eltern und Kinder aller Altersstufen, deren Eltern Nicht-Alkoholiker sind.

Ganz besonders danke ich Diane DuCharme, die mich überzeugte, dieses Buch zu schreiben.

Sue Noblemann, Debby Parsons, Tom Perrin und Rob für ihren unermüdlichen Einsatz für dieses Projekt.

Lisa, Danny und Dave. Kerry C., Jeff R., Irene G., Eleanor Q., Barbara P., Martha C., Loren S., meinen Schülern in Montclair State, meinen Schülern an der »Rutgers Summer School for Alcohol Studies«, meinen Schülern beim »Advanced Techniques in Family Therapy Course« (Westchester Council on Alcoholism), Sharon Stone, Harvey Moscowitz, Linda Rudin, Eileen Patterson, Bernard Zweben und James F. Emmert.

Beim Schreiben dieses Buches dachte ich ursprünglich nur an Kinder von Alkoholikern. Seit der Buchveröffentlichung haben wir aber erfahren, dass das hier diskutierte Material auch auf Familien zutrifft, die in anderer Form gestört sind. Wenn Sie nicht mit Alkoholismus, aber mit anderen Formen von Zwangsverhalten wie Spielsucht, Drogenmissbrauch oder Esssucht aufwuchsen, chronische Krankheiten oder rigorose religiöse Einstellungen erlebt haben, Adoptiv- oder Pflegekind waren oder in anderen potenziell gestörten Umgebungen lebten, stellen Sie vielleicht fest, dass Sie sich mit den hier geschilderten Wesenszügen identifizieren können. Es scheint, dass vieles von dem, was für Kinder von Alkoholikern gilt, auch auf andere zutrifft, und dass dieses Verständnis helfen kann, die Isolation von zahllosen Menschen zu verringern, die aufgrund ihrer Lebenserfahrungen ebenfalls glaubten, »anders« zu sein. Willkommen!

Einleitung

Während der letzten Jahre wurde der Alkoholismus in dieser Gesellschaft zunehmend erforscht. Obwohl die Zahlen variieren, heißt es übereinstimmend, dass es allein in den USA mehr als zehn Millionen Alkoholiker gibt, in der Bundesrepublik Deutschland sind es über 1,5 Millionen.

Diese Menschen haben – außer dass sie selbst Opfer sind – einen nachteiligen Einfluss auf Menschen, mit denen sie Verbindungen eingehen. Angestellte, Verwandte, Freunde und die Familie des Alkoholikers leiden unter den Auswirkungen des Alkoholismus. Viele Arbeitsstunden gehen wegen Abwesenheit vom Arbeitsplatz sowie Arbeitsunfähigkeit aufgrund von Alkoholismus verloren. Verwandte und Freunde werden dahingehend manipuliert, für den Alkoholiker Entschuldigungen zu erfinden und ihn zu decken. Dem Versprechen, sich zu ändern, wird – auch wenn es kurzlebig ist – Glauben geschenkt, weil diejenigen, die Anteil nehmen, es glauben wollen. Das Resultat ist, dass sie, ohne es zu wissen, an den Verhaltensmustern teilhaben, die dieser Krankheit zugrunde liegen.

Die nächsten Angehörigen leiden am meisten. Die Familie ist davon betroffen, wenn der Angestellte seine Dienste für den Alkoholiker einstellen muss. Die Familie leidet mit darunter, wenn Verwandte und Freunde die Auswirkungen des Alkoholismus nicht länger tolerieren können und den Alkoholiker und seine Familie meiden. Die Familie ist auch direkt vom Verhalten des Alkoholikers betroffen. Nicht im Stande, diesem ohne Hilfe von außen zu begegnen, verfangen sich die Familienmitglieder in den Folgewirkungen der Krankheit und werden selbst seelisch krank.

Das öffentliche Interesse hat sich vor allem auf den Alkoholismus, Alkoholmissbrauch und die Alkoholiker konzentriert. Der Familie und vor allem den Kindern, die in einem vom Alkoholismus geprägten Zuhause leben, wurde weniger Aufmerksamkeit geschenkt.

Es steht außer Frage, dass eine große Anzahl von Kindern davon betroffen ist, in einer Alkoholiker-Familie zu leben. Die Zahl dieser Kinder herauszufinden ist aus mehreren Gründen schwierig; Scham, Nichtanerkennung des Alkoholismus als Krankheit, Verleugnung und Schutz von Kindern vor unerfreulichen Realitäten spielen eine wesentliche Rolle.

Obgleich das Leiden sich auf der Verhaltensebene in verschiedenen Formen äußert, scheinen Kinder von Alkoholikern immer unter geringer Selbstachtung zu leiden. Das überrascht nicht weiter, denn die Literatur, die die Bedingungen ausführt, unter denen ein Individuum lernt, sich selbst zu schätzen und als wertvollen Menschen zu betrachten, kann kurz zusammengefasst werden mit Begriffen wie »elterliche Wärme«, »klar definierte Grenzen« und »respektvolle Behandlung.«[1]

Es gibt beträchtlich viel Literatur, die anführt, dass diese Bedingungen in der Alkoholiker-Familie nicht oder nur unbeständig gegeben sind.[2] Das Verhalten des Trinkers oder der Trinkerin wird von der Droge beeinträchtigt, und der nicht trinkende Elternteil ist durch seine Reaktionen auf den Alkoholiker beeinträchtigt. Es bleibt nur wenig emotionale Kraft übrig, um die vielen Bedürfnisse der Kinder auf einer beständigen Basis zu erfüllen, und so werden diese zu den Opfern der Familienkrankheit.

Eltern sind Vorbilder, ob sie das wollen oder nicht. Laut Margaret Cork ist es das Geben und Nehmen in seinen Beziehungen zu den Eltern und anderen, wodurch das Kind zu einem Gefühl von Sicherheit, Selbstachtung und zu der Fähigkeit findet, mit den komplexen inneren Schwierigkeiten umzugehen, denen es sich gegenübersieht.[3]

Coopersmiths Untersuchung mit heranwachsenden Jungen weist darauf hin, dass Kinder Selbstvertrauen, Initiative und die Fähigkeit, mit misslichen Umständen umzugehen, dadurch erwerben, dass sie mit Respekt behandelt werden, klar definierte Richtlinien und Werte erhalten, dass ihre Kompetenz gefordert wird und sie bei der Lösung von Problemen Anleitung erhalten. Die Entwicklung einer individuellen Selbstsicherheit wird eher durch eine gut strukturierte, Anforderungen stellende Umgebung gefördert als durch ein weitgehend unbegrenztes Erlauben und die Freiheit, ohne Vorgabe einer Richtung Dinge zu erforschen.

Sowohl Stanley Coopersmith als auch Morris Rosenberg sind durch ihre Forschungen beide zu der Überzeugung gelangt, dass sich Schüler mit hoher Selbstachtung als erfolgreich betrachten. Sie sind relativ frei von Ängsten und psychosomatischen Symptomen und können ihre Fähigkeiten realistisch einschätzen. Sie vertrauen darauf, dass ihre Bemühungen zum Gelingen führen, während sie sich gleichzeitig ihrer Grenzen voll bewusst sind. Menschen mit einer hohen Selbstachtung gehen aus sich heraus, sind sozial beliebt und erwarten, gut aufgenommen zu werden. Sie akzeptieren andere, und andere neigen dazu, sie ebenfalls zu akzeptieren.

Dagegen sind laut Coopersmith und Rosenberg Schüler mit geringer Selbstachtung leicht zu entmutigen und manchmal depressiv. Sie fühlen sich isoliert, ungeliebt und nicht liebenswert. Sie scheinen sich nicht ausdrücken und ihre Unzulänglichkeiten nicht vertreten zu können. Sie sind so mit ihrer Unsicherheit und ihren Ängsten beschäftigt, dass ihre Fähigkeit zur Selbstverwirklichung leicht zunichte gemacht werden kann.[4]

Meine eigenen Untersuchungen über »die Selbstachtung bei Kindern von Alkoholikern«[5] haben gezeigt, dass Kinder von Alkoholiker-Eltern eine geringere Selbstachtung haben als Kinder aus Familien, in denen kein Alkoholmissbrauch betrieben wird. Das war zu erwarten. Da Selbstachtung vor allem darauf beruht, wie respektvoll, akzeptierend und anteilnehmend man von den wichtigsten Bezugspersonen behandelt wird, folgt daraus die logische Annahme, dass bei mangelndem Vorhandensein dieser Bedingungen in einer Alkoholiker-Familie die eigene Fähigkeit, sich mit sich wohl zu fühlen, negativ beeinflusst wird.

Interessant ist, dass das Alter als determinierender Faktor für die Selbstachtung keine Bedeutung hat.[6] Achtzehnjährige und Zwölfjährige hatten im Wesentlichen das gleiche Selbstbild. Sie mögen sich unterschiedlich verhalten, aber darin, wie sie sich selbst fühlen, unterscheiden sie sich nicht. Das unterstreicht die Tatsache, dass sich die Selbstwahrnehmung im Laufe der Jahre ohne irgendeine Form der Intervention nicht verändert. Die Art und Weise, wie sich die Selbsteinschätzung manifestiert, wird sich verändern, aber nicht die Selbstwahrnehmung als solche.

Wenn das stimmt, und die Forschung scheint diese Auffassung zu stützen, sind die *erwachsenen Kinder von Alkoholikern* eine wichtige Bevölkerungsgruppe, der wir uns zuwenden sollten.

Wir haben diese Gruppierung nicht ignoriert. Wir haben sie nur nicht beim richtigen Namen genannt. Wir haben sie als Alkoholiker bezeichnet. Wir haben sie die Ehefrauen und Ehemänner von Alkoholikern genannt. Wir haben das Maß ihrer Gefährdung nicht voll anerkannt. Es ist an der Zeit, ihre Situation genauer zu bestimmen. Es ist an der Zeit, sie *erwachsene Alkoholiker-Kinder von alkoholabhängigen Eltern* zu nennen. Es ist wichtig, diesen Faktor zu erkennen, weil das für die Behandlung tiefgreifende Folgen hat. Das erwachsene Kind eines Alkoholikers wurde auf eine Art und Weise beeinträchtigt und hat Reaktionsformen entwickelt, wie es für Menschen, die nicht Kinder von Alkoholikern sind, vielleicht nicht zutrifft. Dieses Buch wird Ihnen das Wesen des erwachsenen Kindes eines Alkoholikers deutlicher machen, Ihnen zeigen, was seine Situation bedeutet und wie deren Auswirkungen aussehen.

Es wird darstellen, wie sich ein geringes Selbstbild äußert, und ganz konkrete Vorschläge für Möglichkeiten zu Veränderungen machen, falls sie gewünscht werden.

Ich habe mit Gruppen von erwachsenen Kindern von Alkoholikern gearbeitet. Wir werfen einen gründlichen Blick auf ihre Gedanken, Einstellungen, Reaktionsweisen und Gefühle sowie auf den tiefgreifenden Einfluss, den der Alkohol auf ihr Leben hat.

Die Hälfte der Gruppe besteht aus genesenden Alkoholikern, die andere Hälfte aus Nicht-Alkoholikern. Die Hälfte sind Männer, die Hälfte Frauen. Das jüngste Mitglied ist dreiundzwanzig. Einige sind verheiratet, einige allein stehend. Zum Teil haben sie Kinder, zum Teil nicht. Sie alle arbeiten verbindlich an ihrem persönlichen Wachstum.

Es gibt bestimmte allgemeine Züge, die in der einen oder anderen Form praktisch bei jedem Treffen wieder auftreten. Sie sind es wert, sorgfältig untersucht und besprochen zu werden:

1. Erwachsene Kinder von Alkoholikern haben keine klare Vorstellung davon, was normal ist.
2. Erwachsenen Kindern von Alkoholikern fällt es schwer, ein Vorhaben von Anfang bis Ende durchzuführen.
3. Erwachsene Kinder von Alkoholikern lügen, wo es ebenso leicht wäre, die Wahrheit zu sagen.
4. Erwachsene Kinder von Alkoholikern verurteilen sich gnadenlos.
5. Erwachsenen Kindern von Alkoholikern fällt es schwer, Spaß zu haben.
6. Erwachsene Kinder von Alkoholikern nehmen sich sehr ernst.
7. Erwachsene Kinder von Alkoholikern haben Schwierigkeiten mit intimen Beziehungen.
8. Erwachsene Kinder von Alkoholikern zeigen eine Überreaktion bei Veränderungen, auf die sie keinen Einfluss haben.
9. Erwachsene Kinder von Alkoholikern suchen ständig Anerkennung und Bestätigung.
10. Erwachsene Kinder von Alkoholikern haben meistens das Gefühl, anders zu sein als andere Menschen.

11. Erwachsene Kinder von Alkoholikern sind entweder übertrieben verantwortlich oder total verantwortungslos.
12. Erwachsene Kinder von Alkoholikern sind extrem zuverlässig, auch wenn offensichtlich ist, dass etwas oder jemand diese Zuverlässigkeit gar nicht verdient.
13. Erwachsene Kinder von Alkoholikern sind impulsiv. Sie neigen dazu, sich mit Verhaltensweisen festzurennen, ohne alternative Handlungsmöglichkeiten oder eventuelle Konsequenzen ernsthaft zu bedenken. Diese Impulsivität führt zu Verwirrung, Selbstverachtung und Kontrollverlust über ihre Umgebung. Das Resultat ist, dass sie enorm viel Energie aufbringen müssen, um das angerichtete Durcheinander wieder zu beheben.

Dieses Buch ist für erwachsene Kinder von Alkoholikern geschrieben und richtet sich an sie. Ich hoffe aber, dass es auch für Berater und andere Interessierte von Wert ist.

Es kann auf verschiedene Weise genutzt werden: 1) um ein größeres Wissen und Verständnis davon zu gewinnen, was es heißt, das Kind eines Alkoholikers zu sein, und wie sich dieser Prozess mit der Zeit entwickelt; 2) zur Selbsthilfe oder als klinische Anleitung für persönliches Wachstum; und 3) als Grundlage für Gesprächsgruppen von erwachsenen Kindern von Alkoholikern.

Ich habe viele Anfragen erhalten, wie man Gruppen für erwachsene Kinder von Alkoholikern organisiert, auf ihre speziellen Bedürfnisse eingeht und trotzdem den Grundsätzen der Anonymen Alkoholiker und denen von Al-Anon treu bleibt. Dieses Buch bietet eine Antwort auf diese Fragen.

1 Was geschah mit Ihnen als Kind?

Wann ist ein Kind kein Kind? Wenn das Kind mit dem Alkoholismus leben muss. Oder genauer, wann ist ein Kind nicht kindlich? Sicher haben Sie wie ein Kind ausgesehen und waren wie ein Kind angezogen. Andere Menschen haben Sie als Kind betrachtet, bis Sie Ihnen so nahe kamen, dass sie die Traurigkeit in Ihren Augen oder Ihren besorgten Gesichtsausdruck sehen konnten. Sie haben sich weitgehend wie ein Kind verhalten, aber Sie waren nicht richtig ausgelassen, eher haben Sie einfach mitgemacht. Sie waren nicht so spontan wie andere Kinder. Aber das ist niemandem wirklich aufgefallen, es sei denn, jemand kam Ihnen sehr nahe, aber selbst dann hat er wahrscheinlich nicht verstanden, was dahinter stand.

Was andere auch gesehen und gesagt haben mögen, es ändert nichts an der Tatsache, dass Sie sich nicht wirklich als Kind gefühlt haben. Und Sie hatten noch nicht einmal eine Ahnung davon, was es heißt, wie ein Kind zu fühlen. Ein Kind ist ähnlich wie ein junges Tier ... frei und ungehemmt empfängt und gibt es Liebe, tollt herum, ist etwas mutwillig und verspielt, erledigt für Anerkennung oder Belohnungen kleinere Arbeiten, tut aber so wenig wie möglich. Und am wichtigsten, es ist *sorglos*. Wenn ein Kind wie ein junges Tier ist, dann waren Sie kein Kind.

Andere hätten Sie mit einem ganz einfachen Satz beschreiben können, der wahrscheinlich auf die Rolle anspielte, die Sie in der Familie einnahmen. Kinder, die in Alkoholiker-Familien leben, übernehmen ähnliche Rollen wie Kinder in anderen gestörten Familien auch. Aber in dieser Art Familie können wir das ganz deutlich beobachten. Auch anderen fällt es auf, nur dass Sie den Grund dafür nicht erkennen.

Zum Beispiel heißt es: »Schaut euch Anna an, ist sie nicht unglaublich? Sie ist das verantwortungsbewussteste Kind, das ich je gesehen habe. Ich wünschte, meine wären auch so.« Wären Sie Anna, würden Sie lächeln, sich gut fühlen und das Lob genießen. Sie würden wahrscheinlich nicht wagen zu denken: »Ich wünschte, sie würden mich lieb finden.« Und Sie würden gewiss nicht wagen zu denken: »Ich wünschte, meine Eltern würden mich großartig und lieb finden.« Und Sie haben ganz sicher nicht gewagt zu denken: »Nun, wenn ich es nicht tue, macht es ja keiner.«

Für Außenstehende, die gelegentlich vorbeischauten, waren Sie einfach ein bemerkenswertes kleines Kind. Und das stimmte auch. Die anderen haben einfach nicht das vollständige Bild gesehen.

Vielleicht haben Sie in der Familie auch eine andere Rolle eingenommen und waren das schwarze Schaf, das ständig in Schwierigkeiten steckte. Sie mussten dafür herhalten, dass sich die Familie nicht anschaute, was wirklich geschah. Die Leute sagten: »Wenn man sich Tom so anschaut, der steckt ständig in Schwierigkeiten. Jungen sind eben Jungen. Ich war in seinem Alter auch so.«

Was hätten Sie an Toms Stelle gefühlt? Vielleicht hätten Sie sich nicht erlaubt zu fühlen. Sie hätten sich den Betreffenden angeschaut und gewusst, dass er in Wirklichkeit in Ihrem Alter nicht so war wie Sie, sonst würde er nämlich nicht so leicht darüber hinweggehen. Trotzdem wagten Sie nicht zu sagen und wahrscheinlich noch nicht einmal insgeheim zu fragen: »Was muss ich tun, damit sie sich mir zuwenden? Warum muss das immer so laufen?«

Oder Sie waren vielleicht eher wie Barbara und wurden der Klassenclown. »Na, die könnte doch später wirklich mal Komikerin werden. Wie schlau, lustig und gewitzt sie ist!« Und an Barbaras Stelle hätten Sie vielleicht gelächelt, sich insgeheim aber gefragt: »Ob die wissen, wie mir wirklich zumute ist? Das Leben ist gar nicht so lustig. Ich habe sie wohl an der Nase herumgeführt. Das dürfen sie nicht merken.«

Und dann ist da noch die kleine Margaret, oder hieß sie Johanna? Irgendwie fällt mir nie der richtige Name ein. Das kleine Kind dort hinten in der Ecke. Das stille Kind – das nie jemandem Schwierigkeiten bereitet. Und das kleine Kind fragt sich: »Bin ich eigentlich unsichtbar?« Dieses Kind möchte in Wirklichkeit gar nicht unsichtbar sein, zieht sich aber in sein Schneckenhaus zurück und hofft, dass man es bemerkt, ohnmächtig, irgendetwas dafür zu tun.

Sie sahen aus wie ein Kind, waren angezogen wie ein Kind und verhielten sich bis zu einem gewissen Grade auch wie ein Kind, aber Sie haben sich garantiert nicht wie ein Kind gefühlt. Wir wollen uns einmal anschauen, wie es bei Ihnen zu Hause aussah.

Familienleben

Kinder von Alkoholikern wachsen in einander ähnelnden Umgebungen auf. Die mitwirkenden Charaktere mögen sich unterscheiden, aber das, was in Alkoholiker-Familien abläuft, ist im Wesentlichen das Gleiche. Einzelne Geschehnisse können variieren, aber im Allgemeinen ist ein Alkoholiker-Zuhause wie das andere. Ständig liegen Spannungen und Ängste in der Luft. Wie damit im Einzelnen umgegangen wird, mag unterschiedlich sein, aber immer sind Schmerz und Reue die absehbaren Resultate. Die existierenden Unterschiede bestehen mehr in der Art und Weise, wie sie auf ihre Erfahrungen reagierten, als in den Erfahrungen selbst.

Sie haben die Geschehnisse unterschiedlich aufgenommen und sich infolgedessen auch unterschiedlich verhalten. Aber innerlich war den meisten von Ihnen ziemlich ähnlich zumute.

Erinnern Sie sich, wie es bei Ihnen zu Hause war? Sie können sich vielleicht vorstellen, wie es dort aussah, aber können Sie sich auch erinnern, wie es sich anfühlte? Was haben Sie erwartet, wenn Sie zur Tür hereinkamen? Sie hofften, dass alles in Ordnung sein möge, aber genau konnten Sie das niemals wissen. Ihre einzige Gewissheit war, niemals zu wissen, was Sie vorfänden oder was geschehen würde. Und ganz gleich, wie oft die Dinge schief liefen, irgendwie waren Sie niemals seelisch vorbereitet, wenn Sie zur Tür hereinkamen.

Wenn Ihr Vater der Alkoholiker war, war er manchmal liebevoll und warmherzig. Er war all das, was Sie sich von einem Vater wünschten: fürsorglich, interessiert, engagiert, und er versprach Ihnen all das, was ein Kind haben möchte. Und Sie wussten, dass er Sie auch liebte.

Aber zu anderen Zeiten war er nicht so. Das waren die Zeiten, wenn er betrunken war. Wenn er gar nicht nach Hause kam und Sie gewartet und sich Sorgen gemacht haben. War er dann zu Hause, torkelte er und fiel um, fing laute Streitereien mit Ihrer Mutter an und ging sogar auf sie los, was sehr beängstigend war. Manchmal stellten Sie sich zwischen die beiden und versuchten, Frieden zu stiften. Da Sie niemals wussten, was geschehen würde, waren Sie immer mehr oder weniger verzweifelt. Und dann vergaß der betrunkene Vater alles, was er am Tag zuvor versprochen hatte. Das war merkwürdig, denn Sie wussten, dass er alles, was er Ihnen versprochen hatte, auch wirklich so gemeint hatte. Sie dachten: »Warum kommt es nie dazu? Warum hält er niemals, was er versprochen hat? Das ist wirklich nicht fair.«

Und dann Ihre Mutter. Seltsamerweise kann es sein, dass Sie trotz all der Schwierigkeiten, die Ihr Vater machte, ihn lieber mochten. Weil Ihre Mutter nörgelig, gereizt und ständig müde war und so tat, als trüge sie das Gewicht der ganzen Welt auf ihren Schultern, hatten Sie das Gefühl, ihr im Weg zu sein. Selbst wenn sie Ihnen versicherte, dass das nicht stimme, hatten Sie trotzdem ständig das Gefühl.

Vielleicht ging sie aus dem Haus, um zu arbeiten. Vielleicht hatte Ihr Vater keine Arbeit. Sie wurden das Gefühl nicht los, dass es all diese Schwierigkeiten nicht geben würde, wenn Sie nicht da wären. Dann würde sich Ihre

Mutter nicht mit Ihrem Vater streiten. Sie wäre nicht ständig angespannt; sie würde nicht schreien; sie würde nicht so schnell aufbrausen. Das Leben könnte sehr viel einfacher sein, wenn Sie einfach nicht da wären. Und Sie hatten große Schuldgefühle. Irgendwie war Ihre bloße Existenz die Ursache für all dies: Wären Sie ein besseres Kind, gäbe es auch weniger Probleme. Es war alles Ihr Fehler, aber Sie konnten scheinbar nichts tun, damit das Leben schöner wurde.

Wenn Ihre Mutter die Alkoholikerin war, kann es gut sein, dass Ihr Vater sie bereits verlassen hatte oder abends ziemlich lange im Büro blieb. Er wollte nicht in ihrer Nähe sein. Vielleicht kam er auch mittags nach Hause, um die Arbeit Ihrer Mutter zu erledigen. Er nähte Ihnen die Knöpfe an und kochte Ihr Mittagessen. Das mag eine Zeit lang so gegangen sein. Aber Sie fanden das eigenartig, weil Sie wussten, dass das nicht seine Arbeit war und er damit gutmachen wollte, dass Ihre Mutter betrunken war.

Wahrscheinlich haben Sie schließlich die Arbeiten übernommen, die üblicherweise Mütter erledigen. Sie haben ziemlich schnell gelernt zu kochen, sauber zu machen und einzukaufen. Sie haben es nicht nur übernommen, auf Ihre jüngeren Geschwister aufzupassen, Sie sind vielleicht auch ganz konkret zur Mutter Ihrer Mutter geworden. Sie haben ihr geholfen zu essen und sich zu waschen und sie vielleicht auch ins Bett gebracht, damit die jüngeren Kinder nicht sahen, wie sie umfiel. Sie haben die ganze Familie versorgt.

In ihren nüchternen Zeiten versuchte Ihre Mutter, wieder gutzumachen, was sie versäumt hatte, und Sie wurden von Schuldgefühlen überwältigt. Es gab vielleicht längere Zeitspannen, in denen sie ihr Trinken aufschob und versuchte, den Haushalt ordentlich zu führen. Wie schmerzlich für Sie, ihren Kampf mit ansehen zu müssen! Wie dankbar, aber auch voller Schuldgefühle Sie waren und dabei immer verwirrter wurden. Was war denn nun eigentlich Ihre Rolle?

Wenn Ihre Eltern beide Alkoholiker waren, war das Leben noch unberechenbarer, außer dass sie sich gegenseitig darin übertrafen, immer schlimmer zu werden. Das Leben zu Hause war die Hölle. Die Luft war zum Schneiden vor lauter Spannung und diesem nervösen, ärgerlichen Gefühl. Niemand musste ein Wort sagen, denn alle konnten es spüren. Die Stimmung war extrem angespannt und ungemütlich. Trotzdem konnte man ihr nicht entkommen, es gab keinen Ort zum Verstecken, und Sie fragten sich: »Hört das denn nie auf?«

Sie hatten wahrscheinlich Phantasien, Ihr Zuhause zu verlassen, einfach wegzurennen, damit ein für alle Mal fertig zu sein, Phantasien, dass Ihre Alkoholiker-Eltern nüchtern werden würden und das Leben wieder angenehm und schön war. Sie begannen, in einer Märchenwelt voller Phantasien und Träume zu leben. Sie lebten sehr viel von der Hoffnung, weil Sie nicht glauben wollten, was vor sich ging. Sie wussten, dass Sie darüber nicht mit Ihren Freundinnen und Freunden oder anderen Erwachsenen außerhalb der Familie reden konnten. Weil Sie glaubten, diese Gefühle für sich behalten zu müssen, haben Sie gelernt, auch die meisten anderen Gefühle für sich zu behalten. Sie durften den Rest der Welt nicht wissen lassen, was bei Ihnen zu Hause vor sich ging. Außerdem, wer hätte Ihnen denn schon geglaubt?

Sie sahen, wie Ihre Mutter Ihren Vater deckte. Sie hörten, wie sie ihn entschuldigte, sagte, er sei zu krank, um zur Arbeit zu gehen. Selbst wenn Sie ihr etwas über Ihren Vater erzählten, tat sie so, als wäre das alles nicht wahr. Sie sagte: »Ach Unsinn, mach dir darüber keine Sorgen. Iss dein Müsli.« Sie haben schnell gelernt, für sich zu behalten, dass Ihr Vater trank, während sich Ihnen der Magen zusammenkrampfte, Sie sich innerlich angespannt fühlten und sich in den Schlaf geweint haben – wenn Sie noch weinen konnten.

Sie wussten, dass Ihre Phantasien, Ihr Zuhause zu verlassen oder in einer Bilderbuchfamilie zu leben, niemals Wirklichkeit werden würden. Es war schwierig, von zu Hause wegzugehen, und sei es nur für ein Wochenende. Wenn Sie über Nacht wegblieben, machten Sie sich Sorgen darüber, was zu Hause passierte: »Wenn ich weggehe, verlasse ich wie eine Ratte das sinkende Schiff. Wie werden sie ohne mich zurechtkommen? Sie brauchen mich doch.« Sie brauchten sie tatsächlich auf eine ganz konkrete Weise. Ohne Sie hätten die anderen Familienmitglieder sich aufeinander beziehen müssen. Es gab kein Entkommen.

Sie saßen in der Falle, körperlich und emotional. Diese Gefühle drückte Gloria in dem folgenden Traum aus:

»Ich beschreibe im Folgenden einen Traum, den ich mit ungefähr acht Jahren hatte. Das war vor fast fünfzehn Jahren, und es ist bis heute der lebhafteste und beängstigendste Traum, an den ich mich erinnern kann. Ich hatte ihn zu einer Zeit meines Lebens, als das Alkoholproblem meiner Mutter anfing, › ernst‹ zu werden.

Der Traum war in › schwarz-weiß‹ . Über allem lag ein durchsichtiger, leichter Nebel. Merkwürdig für mich war, dass ich nicht nur im Traum vorkam, sondern mich selbst im Traum beobachtete. Ich konnte mich sehen, wie man sich im Fernsehen oder in einem Kinofilm sieht.

Ich befand mich mit meiner Mutter an einem sehr dunklen und düsteren Ort, der einem Verlies ähnelte. Wir waren beide hinter Gittern in einem Käfig oder im Gefängnis. Der Ort hatte weder Wände noch Fußboden oder Decke; es gab nur den Käfig, meine Mutter, mich und die schwarze Leere. Ich erinnere mich, dass ich hin- und herlief; ich war unruhig, hatte aber keine Angst. Dann erschien wie aus dem Nichts die Wache, eine Frau in Uniform. Sie ging auf den Käfig zu, schloss die Tür auf und ließ meine Mutter heraus. Sie nahm meine Mutter beim Arm und führte sie weg. Ich wurde zurückgelassen. Und so wartete ich geduldig, sicher, dass die Wache schon zurückkommen und mich auch rauslassen würde. Ich wartete und wartete, wie mir schien, eine Ewigkeit lang. Schließlich tauchte etwas aus der Dunkelheit auf. Ich dachte, es sei die Wache, die zu mir kam. Stattdessen war es ein merkwürdiges, unmenschliches Ding, das sich ganz langsam am Käfig vorbeibewegte und dann aus meinem Blickfeld verschwand. Es löste sich in der Dunkelheit auf, und ich blieb alleine zurück. Mich durchzuckte der Gedanke, dass niemand kommen würde, um mich freizulassen. Ich war alleine. Ich geriet in Panik.

Ich wachte total entsetzt auf. Ich war außer mir. Ich erinnere mich, dass ich im Bett saß und schrie. Zumindest dachte ich, dass ich schrie. Ich presste die Luft aus meinen Lungen, aber aus meiner Kehle drang kein Laut. Also nahm ich einen weiteren ganz tiefen Atemzug, aber es kam immer noch kein Laut. Ich hatte meine Stimme verloren.

Ich versuchte, nach meiner Mutter zu rufen. Ich wollte sie so dringend bei mir haben, aber sie konnte mich nicht hören. Also schlüpfte ich zurück unter die Bettdecke und betete darum, am nächsten Morgen meine Stimme wieder zu haben. Und dann schlief ich ein.«

Gloria fühlte sich in der Falle, und sie saß auch tatsächlich in der Falle. Sie war allein mit ihrem Schmerz. Sie sagte niemandem etwas, und jeden Tag kam sie gleich nach der Schule nach Hause und versorgte ihre Mutter. So schmerzlich das auch war, war es doch immer noch leichter, als in der Schule zu sitzen und sich Sorgen zu machen. Niemand bemerkte etwas. Niemand sah etwas. Gloria war ein braves kleines Mädchen, das tat, was ihm gesagt wurde und niemandem irgendwelche Schwierigkeiten bereitete.

Schule

Nicht nur, dass das Leben zu Hause unglücklich war, es beeinflusste auch Ihr Schulleben. Wie waren Sie in der Schule? Wenn Sie wie Anna waren, sehr strebsam und verantwortungsbewusst, waren Sie gut. Sie waren anwesend und taten alles, was man von Ihnen verlangte. Sie bekamen gute Noten und sehr viel Lob. Vielleicht waren Sie sogar das Kind, das immer die Tafel abwischen durfte. Und es war ein Entkommen auf Zeit, von zu Hause und von Ihren wirklichen Gefühlen. Niemand hielt Sie für ein Kind mit schweren Problemen. Mag sein, dass die Lehrer zu Ihren Eltern sagten: »Ich wünschte, so eine hätte ich auch zu Hause.«

Falls Sie in andere Kategorien fallen, waren Ihre Leistungen schwankend. Je nachdem, wie intelligent Sie waren und wie clever Sie gelernt hatten zu manipulieren, konnten Sie bis zu einem gewissen Grade selbst steuern, wie gut Sie in der Schule waren. Vielleicht waren Sie in einem Fach oder in einem Schulhalbjahr gut, in anderen wieder schlecht, bis Sie schließlich alles hinschmissen. Oder Sie schlängelten sich so durch. Oder versuchten, sich durchzuboxen wie Daniel.

Leider haben Sie viele Wesenszüge Ihrer alkoholkranken Eltern übernommen. Menschen verhalten sich so, wie sie es gelernt haben, ob ihnen das gefällt oder nicht – ob sie wollen oder nicht. Alkoholiker wollen die Verantwortung für ihr Verhalten nicht übernehmen. Trifft das auf Sie zu? Auf Daniel sicherlich.

Daniel ist ein siebzehnjähriger Schüler, der mit seinem genesenden alkoholkranken Vater zusammenlebt. Sein Vater war während seiner Trinkerjahre – das heißt, die meiste Zeit in Daniels Leben – sehr streitsüchtig und oft gewalttätig. Er setzte sich immer durch, weil andere Angst vor ihm hatten.

Daniel kam zu mir in die Beratung, weil die Gefahr bestand, dass er im Fach Gesundheitslehre durchfiel. Wenn er durchfiele, bedeutete das, dass er auch seinen Abschluss nicht schaffen würde. Als Grund für das drohende Durchfallen gab der Lehrer für dieses Fach an, dass Daniel den Unterricht nie besucht habe.

Daniels erste Reaktion sah genauso aus, wie er es bei seinem Alkoholiker-Vater gesehen hatte, als dieser noch trank. »Er kann mir das nicht antun. Dazu hat er kein Recht. Wer glaubt er eigentlich, wer er ist? Ich werde mich bei der Schulbehörde über ihn beschweren. Ich werde den Kerl schon so weit kriegen.« Und immer so weiter.

Ich sagte nichts dazu.

Dann versuchte er es mit der Methode, die sein Vater einzuschlagen pflegte, als er nicht mehr trank, aber immer noch durcheinander und krank war. »Ich weiß, was ich tun werde. Ich werde ihn zu Hause aufsuchen. Ich werfe mich vor ihm auf den Boden. Ich werde bitten und betteln. Ich werde ihm die Hände küssen.«

Da ich darauf nicht reagierte, ging er zur dritten Phase über – eine Phase, die zeigte, dass er lange und hart an sich gearbeitet hatte. »Ich nehme an, ich werde mit ihm einen Termin ausmachen müssen, mich mit ihm zusammensetzen und schauen, ob ich die Arbeit irgendwie aufholen kann.«

Daniel hatte gelernt, die Verantwortung für sein Verhalten zu übernehmen. Das war eine harte Lektion, weil sie sich nicht selbstverständlich aus seinen Lebenserfahrungen ergeben hatte. Verantwortungsbewusstsein musste ihm beigebracht werden.

Hätte er seine Kampfhaltung fortgesetzt, wäre er durchgefallen, ohne zu verstehen warum. Er hätte sich als Opfer betrachtet und den anderen die Schuld zugeschoben. Ein Kind, das mit diesem Verhalten fortfährt, wird immer asozialer und endet wahrscheinlich in der Jugendstrafanstalt. Die Menschen in seiner Umgebung werden sein Verhalten scharf verurteilen, ohne dass das Kind sie versteht, denn es hat nichts anderes gelernt.

Wäre er im zweiten Stadium stecken geblieben, hätte er vielleicht das Ding geschaukelt. Der Verstellungskünstler kommt mit seiner Methode meistens eine Zeit lang durch. Auch das hat er zu Hause gelernt. Das in hohem Maße manipulative Verhalten des Alkoholikers erntet für eine Weile Erfolge, insofern er die Ziele, die er für wünschenswert hält, erreicht. Aber das Manipulieren funktioniert auf Dauer nicht; andere lassen sich nicht länger an der Nase herumführen, und der Alkoholiker ist durchschaut. Und das passiert auch dem Kind des Alkoholikers. Es kommt damit durch – eine Zeit lang. Da es seine eigene Macht nicht klar einschätzen kann, weiß es auch nicht so recht, warum es schließlich durchschaut wird.

Die dritte Alternative ist am erstrebenswertesten, weil sie Daniel die Möglichkeit bietet, sein Problem auf befriedigende Weise zu lösen. Sie ist ein Weg, sich seinen Stolz zu bewahren, ganz gleich, wie die Ergebnisse aussehen. Wenn der Lehrer einen Kompromiss ausarbeitet, wird Daniel mit der Klasse zusammen seinen Abschluss machen. Wenn nicht, hat Daniel aber getan, was er tun konnte, um die Situation zu verbessern. Er kann anfangen, sich selbst zu achten.

Dieser Fall ging gut aus. Der Lehrer und Daniel arbeiteten gemeinsam ein Programm aus, mit dessen Hilfe Daniel den Stoff nachholen konnte. Er konnte zusammen mit seiner Klasse den Abschluss machen.

Ein weiteres Schulproblem war die Unfähigkeit, sich zu konzentrieren. Ihre Gedanken wanderten ziemlich oft zu den Phantasien ab, die Sie entwarfen, damit das Leben angenehm wurde, oder Sie waren mit Ihren Sorgen beschäftigt. Was soll aus mir werden? Wird alles gut werden? Was wird passieren, wenn ich nach Hause komme? Vielleicht haben Sie Schwierigkeiten bekommen, weil Sie immer aus dem Fenster starrten. Der Lehrer sagte: »Susi verliert sich ständig in Tagträume. Ich wünschte, sie würde besser aufpassen.«

Nun, wären Sie Susi, wollten Sie vielleicht gerne besser aufpassen – aber wie? Vor allem, wenn Sie die ganze Nacht wach waren und gelauscht haben, wie Ihre Eltern sich anschrien und anbrüllten. Wie sollten Sie sich in der Schule konzentrieren, wenn Sie nachts nicht gut geschlafen hatten? Und kam es darauf überhaupt noch an? Alles war so fürchterlich. Wen kümmerte das schon? Wer gab denn wirklich was darauf, ob Sie gut oder schlecht waren? Wenn Sie gut waren, waren Sie nicht gut genug. Waren Sie schlecht, wurden Sie angebrüllt. Aber das ging auch vorbei – niemand achtete wirklich darauf. Wenn Sie Hilfe brauchten, wäre

Ihnen nicht eingefallen, darum zu bitten. Vielleicht hätte man Ihnen Versprechungen gemacht, aber niemand hatte Zeit, Ihnen zu helfen. Also taten Sie sich selbst Leid.

Und wenn Ihnen zufällig jemand Anteilnahme entgegenbrachte, eine Lehrerin, die sagte: »Stimmt etwas nicht, Peter? Du siehst so aus, als ob dich etwas bedrückt?«, haben Sie automatisch geantwortet: »Nein, alles bestens«, und sind weggegangen, dabei wollten Sie sich verzweifelt an diese Lehrerin hängen und ihr sagen: »Oh mein Gott, es ist so schrecklich zu Hause ... Ich weiß nicht, was es ist, aber irgendetwas stimmt nicht. Bitte, helfen Sie mir doch.« Aber Sie wussten, Sie würden außerhalb der Familie nicht darüber sprechen, was zu Hause vor sich ging. Und gleichzeitig haben Sie sich gewünscht, die Lehrerin würde Sie nicht gehen lassen. Sie wollten, dass jemand Sie verstünde, ohne dass Sie etwas erzählen mussten, glaubten aber nicht daran, dass das jemand wirklich konnte.

Sie haben gelernt, Ihre Gefühle für sich zu behalten und sie vielleicht noch nicht einmal sich selbst einzugestehen. Also wurde die Schule, die ein Zufluchtsort hätte sein können, zu einer Art Hölle. Nach einer Weile haben Sie sich vielleicht daneben benommen oder sind nicht mehr hingegangen. Es hätte ja sein können, dass jemandem das auffällt. Wenn Sie in Schwierigkeiten gerieten, hätten Sie ja vielleicht keine andere Wahl, als die Wahrheit erzählen zu müssen.

Wenn Sie sich zurückzogen, wussten Sie, dass man Sie in Ruhe lassen würde, weil Sie ruhig waren und niemandem Schwierigkeiten bereiteten. Und je stärker Sie sich so verhielten, desto einsamer fühlten Sie sich und desto schwerer wurde es, sich anders zu verhalten. Eine Zeit lang schien es ein Ausweg zu sein, der Klassenclown zu werden, eine willkommene Ablenkung für die Schüler, wenn nicht gar für den Lehrer. Auf diesem Weg erhielten Sie etwas Zuwendung – nicht die Art von Zuwendung, die Sie haben wollten, aber zumindest ignorierte man Sie nicht.

Wenn Sie aber nicht mehr in die Schule gingen, wenn die Schwierigkeiten, in die Sie gerieten, groß genug waren, dann wurde mit Sicherheit jemand auf Sie aufmerksam. Sie schrien um Hilfe – auf die einzige Art und Weise, die Sie kannten. Und dann wurden Sie bestraft, aber zumindest war es den anderen aufgefallen. So sah es also in der Schule aus. Sie war eine zusätzlich Strafe, einfach ein Ort, an dem Sie zu erscheinen hatten. Wenn Sie Glück hatten, bot sie Ihnen etwas Erholung. Aber meistens war Schule etwas, was Sie *durchstehen mussten.*

Freundschaften

Und was war mit Freundschaften – mit anderen Kindern in Ihrem Alter? Sie haben vielleicht mit ihnen gespielt, aber irgendwie haben Sie sich nicht dazugehörig gefühlt. Wie vertieft Sie beim Spielen auch ausgesehen haben mögen, Sie fühlten sich immer ein bisschen anders als die anderen. Sie gehörten nicht ganz dazu, also fühlten Sie sich immer als Außenseiter.

Aus mehreren Gründen war es schwierig, Freundschaften zu schließen. Zum einen fiel es Ihnen schwer zu glauben, dass Menschen Sie wirklich gern hatten. Schließlich hatte man Ihnen Ihr ganzes Leben lang erzählt, was für ein lausiges kleines Ding Sie seien. Auch wenn man Ihnen das nicht gesagt hatte, wussten Sie, dass es stimmte, denn sonst hätte Ihr Vater ja nicht trinken müssen. Und selbst wenn die Zuneigung, die man Ihnen entgegenbrachte, echt war, machte es Ihnen ein bisschen Angst zu wissen, dass er nicht mehr Ihr Freund sein würde, wenn er Sie etwas besser kennen lernte und alles herausfand.

Wahrscheinlich haben Sie einige Kinder näher kennen gelernt. Aber auch das brachte Probleme mit sich. Wie oft konnten Sie Ihren Freund oder Ihre Freundin zu Hause besuchen, ohne sie zu sich nach Hause einzuladen? Immer lag es wie eine Drohung in der Luft, dass der Tag kommen würde, an dem Ihr Freund zu Ihnen sagte: »Lass uns heute Nachmittag doch mal bei dir zu Hause spielen.« Sie konnten Ihren Freund nur so oft besuchen, wenn das Unvermeidbare nicht auf Sie zukam. Vielleicht lohnte es sich ja überhaupt nicht, einen Freund oder eine Freundin zu haben.

Also haben Sie sich vielleicht zurückgezogen oder so verhalten, dass die Kinder sich von Ihnen abwandten. Auf diese Weise mussten Sie sich gar nicht mit ihnen auseinandersetzen. Wenn Sie aber das Risiko einer Freundschaft eingingen, wussten Sie genau, dass eines Tages alles herauskommen würde.

Als ein sechzehnjähriges Mädchen den älteren Bruder eines Mädchens traf, mit dem sie sich früher einmal angefreundet hatte, kamen ihr sehr viele Erinnerungen. Und sie schrieb das folgende Gedicht für ihn:

Für dich

Ich erinnere mich an dich aus Zeiten,
die lange zurückliegen,
als ich in einer Hölle lebte,
die extra für Kinder gebaut worden war.
Die Wände deines Zuhauses
waren meine einzige Rettung.
Ich bin aber sicher,
du hast das nie gewusst,
denn ich kam dir niemals wirklich nah.
Trotzdem habe ich dich immer gekannt,
aber du mich nie.
Ich war ein einsames, total verschrecktes Kind –
wusste nicht wohin,
wusste nicht, an wen mich wenden ...
Viele Jahre später
weißt du nicht mehr,

dass du mich kanntest –
ich aber weiß, dass ich dich kenne.
Ich brauchte dringend einen Ort,
wie den, wo du warst.
Einen Ort,
der so anders war als der, von dem ich kam.

Dieses Zuhause hatte dem kleinen Mädchen sehr viel bedeutet. Aber der gefürchtete Tag kam – sie musste ihre Freundin zu sich nach Hause einladen. Als sie ihre Freundin mitbrachte, war ihr Vater im Wohnzimmer auf die Erde gefallen. Ihre Mutter erfand schnell eine Lüge, um das Gesicht zu wahren und sagte: »Oh, er schläft auf dem Boden, weil er Rückenschmerzen hat, und der Arzt sagte, das wäre gut für seinen Rücken.« Das kleine Mädchen schien diese Ausrede hinzunehmen, aber sie kam niemals wieder. Es war wirklich ein Risiko gewesen. Wie schwer es war, Freundschaften zu schließen!

Und während Sie größer wurden, wurde es immer schwieriger, weil Sie an einem Punkt angelangten, wo Sie gar nicht mehr wussten, wie man Freundschaften schließt. »Worüber rede ich mit ihnen? Warum sollten sie an mir Interesse haben? Warum sollten sie mich gern haben? Ich bin kein guter Mensch. Warum sollten sie mich zur Freundin haben wollen?« Wie konnten Sie mit all diesen Fragen im Kopf spontan und ungehemmt sein? Wie sollten Sie da noch freundliche Kontakte zu anderen Kindern herstellen?

Selbst wenn Sie nach der Schule noch bleiben und mit den anderen Kindern spielen wollten, mag das nicht möglich gewesen sein. Sie mussten vielleicht schnell nach Hause, um Ihren Pflichten nachzukommen wie auf Ihre kleineren Geschwister aufzupassen. Vielleicht haben Sie sich Sorgen gemacht, dass Ihre Mutter betrunken sei und Sie sich um sie kümmern mussten. Vielleicht konnten Sie den ganzen Tag lang an nichts anderes denken und mussten schnell nach

Hause, um nachzusehen, was geschehen war. Sie wollten vor diesem abstoßenden Leben am liebsten nur davonlaufen, und trotzdem mussten Sie so schnell wie möglich zurück sein.

Aber das war nicht Ihr Leben, Ihre Realität. Wenn Sie es heute betrachten, ergibt es nicht viel Sinn, aber es war das, was Sie damals kannten.

Ein Mädchen fährt in ein Ferienlager für die Kinder von alkoholkranken Eltern. Als das Kind nach Hause zurückgekehrt ist, setzt es sich hin und schreibt auf, wie es sich innerlich mit dieser Erfahrung gefühlt hat. Denn, obwohl es sich zu benehmen wusste, brachte es all die Verwirrung und all die Sorgen eines Kindes mit, das mit Alkoholiker-Eltern lebt. Niemand sah das, aber es vertraute sich mir mit dem folgenden Gedicht an.

Ferienlager

Ich will nicht hier sein.
Ich will nach Hause.
Es wird mir hier nicht gut gehen.
Ich habe hier keine Freundinnen,
und niemand mag mich.

Heh! Das hat mir eben Spaß gemacht!
Und ich habe gelacht und gelächelt.
Und ich fühle mich ganz schön glücklich!
Vielleicht ist es doch nicht so schlimm,
Und dann will ich wieder nach Hause.

Ich möchte wieder Boot fahren!
Wann essen wir Mittag?
Können wir wandern gehen?
Ich möchte noch mal angeln!
Und ein Lagerfeuer!

Ich verstehe diese »Gruppensitzungen« nicht!
Jeder sagt so schreckliche Dinge,
und ich weiß genau, wie sich alle fühlen!
Wissen sie auch, wie ich mich fühle?
Och – noch ein bisschen!
Nein – sie bringen mich ins Bett.

Meine Betreuer mag ich wirklich gern.
Sie sind alle sehr nett.
Wir machen immer, was wir wollen,
Und das ist in Ordnung!
Was? Morgen fahren wir wieder nach Hause?
Wir sind doch gerade erst angekommen, oder?
Geh weg! Du machst mich verrückt!
Du bist hässlich!
Und deine Mutter zieht dich so komisch an!
Ich hasse dich!

Mann, wir müssen wirklich nach Hause.
Ich weiß nicht, wie ich das finde.
Ich hoffe, ich kann nächstes Jahr wieder mit.
Ich will nicht nach Hause.
Ich will hier bleiben!
Na, ich glaube, es ist ganz egal,
ob man hier war oder nicht.
Weil man ja doch wieder nach Hause muss,
genau dorthin, von wo man weggegangen ist.

Was war mit Ihrem Selbstgefühl? Hatten Sie viel Selbstachtung? Schätzten Sie sich? Hielten Sie sich für einen wertvollen Menschen? Dachten Sie überhaupt an sich?
Um einschätzen zu können, wie viel Selbstachtung Sie sich entgegenbrachten, brauchten Sie ein Selbstgefühl. Hatten Sie das? Ich bin mir da nicht so sicher. Ein Kind misst sich an dem, was seine wichtigsten Bezugspersonen ihm entgegenbringen. Später trifft ein Mensch diese Einschätzung dann

selbst, so sollte es im Idealfall jedenfalls sein. Aber ursprünglich findet das Kind über die Botschaften anderer Menschen, die es verinnerlicht, heraus, wer es ist.

Aber Sie haben sehr viele doppelte Botschaften empfangen, die scheinbar widersprüchlich waren. Sie wussten nicht, was davon nun wahr sein sollte, also haben Sie sich mal diesen und mal jenen Teil herausgepickt. Und Sie waren niemals wirklich sicher. Paradoxerweise waren die widersprüchlichen Botschaften wahrscheinlich beide wahr. Das Resultat ist, dass Sie ein etwas verzerrtes Selbstgefühl entwickelten. Die Botschaften waren nicht klar. Sie ergaben nicht viel Sinn. Also war es sehr schwer herauszufinden, wer Sie waren und ob Sie diese Person schätzten oder nicht.

Sie haben zum Beispiel gehört: »Ich hab dich lieb, geh weg.« Was sollte das bedeuten? Ihre Mutter sagte zu Ihnen: »Ich hab dich lieb.« Sie hörten und fühlten diese Worte. Aber Sie wussten, dass Sie im Weg waren, dass sie keine Zeit für Sie hatte, dass ihre Sorge nicht Ihnen galt und dass Sie ihr auf den Wecker gingen. »Ich hab dich lieb, geh weg.« Was soll das für einen Sinn ergeben? Welchen Teil haben Sie geglaubt? Wenn Sie beides geglaubt haben, waren Sie verwirrt.

Wie haben Sie sich verhalten, wenn Sie dem »Ich hab dich lieb« glaubten und gleichzeitig weggehen sollten? Welche Folgen hatte es für Sie, während Sie heranwuchsen, dass Sie beide Teile geglaubt haben? Menschen, die Ihnen erzählten, Sie zu lieben und Sie trotzdem wegstießen, konnten Ihnen außerordentlich begehrenswert erscheinen.

Was ist mit der folgenden doppelten Botschaft: »Du kannst nichts richtig machen ... Ich brauche dich!« Mit seinem Perfektionismus hat der Alkoholiker alles kritisiert, was Sie taten. Bekamen Sie eine »1«, sollte es eine »1+« sein. Ganz gleich was geschah, es war niemals gut genug; es gab immer etwas daran auszusetzen. Wie sehr Sie sich auch anstrengten, Sie konnten sicherlich nicht glauben, dass Sie im Stande sein sollten, irgendetwas richtig zu machen.

Aber der andere Teil der Botschaft, »Ich brauche dich. Ich komme ohne dich nicht zurecht«, hat Sie bewogen, sehr viele Haushaltspflichten zu übernehmen. Schließlich wurden Sie bis zu einem gewissen Grad der emotionale Halt für alle. Warum wurden Sie gebraucht, wenn Sie doch nichts richtig machen konnten? Das ergab nicht viel Sinn, aber Sie wussten, dass es stimmte, weil beide Botschaften laut und deutlich bei Ihnen ankamen.

Als Nächstes kommen wir zum *größten* Paradoxon: »Sag immer die Wahrheit« und: »Ich will davon nichts wissen.« Man sagte Ihnen, Sie sollten immer die Wahrheit sagen, weil Ehrlichkeit etwas Wertvolles sei. Darüber hinaus hat man Ihnen erzählt, dass Sie weniger Schwierigkeiten haben würden, wenn etwas passierte und Sie es ehrlich erzählten. Erinnern Sie sich daran?

Sie konnten sich dieser Botschaft aber niemals sicher sein, denn manchmal stimmte sie und manchmal auch nicht. Der Satz »Ich will das nicht wissen« hat die Dinge mit Sicherheit noch verkompliziert. Warum die Eltern übermäßig belasten? Warum einen Vater oder eine Mutter zusätzlich belasten, die bereits so viel zu tragen hatten? Das ist eine wunderbare Rationalisierung für jemanden, der keine Verantwortung übernehmen will. Welches Kind will schon eine schlechte Tat eingestehen, vor allem wenn Vater oder Mutter Vorbild für dieses Vermeidungsverhalten sind?

Warum ihnen noch mehr Sorgen bereiten? Dieses Verhalten wurde, zumindest unterschwellig, gefördert. Sehr bald haben Sie gelernt, dass Sie den Satz »Sag immer die Wahrheit« irgendjemandem erzählen konnten. In Ihrer Familie hatte die Wahrheit jedenfalls keine große Bedeutung. Sie haben gehört, wie Ihre Eltern ständig logen. Sie haben mitbekommen, wie der nicht trinkende Elternteil den Trinker oder die Trinkerin ständig gedeckt hat, und das war offensichtlich in Ordnung. Außerdem hat der Alkoholiker in Ihrer Familie ständig Versprechungen gemacht, die er nie eingehalten hat. Aber er schien nicht zu lügen, als er sein Versprechen gab.

Was real war und was nicht, wurde in Ihrer Familie ständig verzerrt. Also kann Ihnen nicht so viel daran liegen, die Wahrheit zu sagen. Und eine Zeit lang war es so, dass Sie anfingen, ganz selbstverständlich zu lügen. Da Sie nicht das Gefühl hatten zu lügen, weil jeder log, hatten Sie deswegen auch keine großen Schuldgefühle. Sie haben vielleicht sogar sich selbst eingeredet, dass Sie damit Ihre Familie schützen. »Es ist ihnen sicher sehr viel angenehmer, wenn sie denken, dass die Leute, die mich mitnehmen wollten, sich verspätet haben«, dachten Sie, statt zu erzählen: »Sie haben uns dabei erwischt, wie wir auf der Straße einen Joint geraucht haben, und uns auf die Jugendwache gebracht.«

»Ich bin für dich da« und »Ich gebe dir mein Wort, nächstes Mal bestimmt« ist eine weitere doppelte Botschaft. Vater oder Mutter haben ständig Dinge versprochen wie: »Samstag machen wir das. Irgendwie kommen wir da schon raus. Alles wird gut. Mach dir darüber keine Sorgen. Ich kaufe dir das Kleid.« Und dann ist nichts davon wahr geworden. Alles Lüge!

Im zweiten Teil der Botschaft »Ich gebe dir mein Wort, nächstes Mal bestimmt« oder »Nun, diesmal hat es nicht geklappt, aber nächstes Mal klappt es bestimmt« wird der Wunsch deutlich, für die bloße Absicht Punkte einzustreichen, und nicht dafür, sie in die Tat umzusetzen. Und wie sind Sie damit klar gekommen? Mit dem »Nicht jetzt, später!« Aber das Später trat niemals ein. Diese Doppelbotschaft enthielt also eine dritte: »Vergiss es.« Sie haben gelernt, nichts zu wollen.

Gehen wir weiter zu dem Paradoxon »Alles in Ordnung, mach dir keine Sorgen.« Der andere unterschwellige Teil der Botschaft, die Ihre Eltern aussandten, lautete: »Wie soll ich bloß mit all dem fertig werden?« Darin lag ein Gefühl von Hoffnungslosigkeit, aber Ihnen wurde gesagt, Sie sollten sich keine Sorgen machen. »Schon gut, ich werde mir keine Sorgen machen.« Aber irgendwie ging das so nicht.

Eine weitere verwirrende Botschaft ist die Verurteilung des Alkoholikers aufgrund seines oder ihres Alkoholismus, wobei sein oder ihr inakzeptables Verhalten aus dem gleichen Grund heruntergespielt wird. »John ist ein Trinker«, heißt es verächtlich. Aber dann hörten Sie sagen: »Ja, er hat seine Brille zerbrochen, aber er konnte nichts dafür, er war betrunken.« Das ergab keinen Sinn. Wenn er Alkoholiker war, konnte er nichts dafür, dass er betrunken war, aber es war nicht in Ordnung, dass er seine Brille zerbrochen hatte.

Das Verhalten des Alkoholikers wurde aufgrund seiner Krankheit wegrationalisiert. Niemand durfte sich aufregen, weil er oder sie es doch nicht mit Absicht gemacht hatte.

Dieser doppelte Maßstab musste Verwirrung stiften. Die tatsächliche Botschaft lautete: »Wenn ich betrunken bin, kann ich tun, was ich will.« Nicht nur, dass der Alkoholiker den Alkoholismus als Vorwand benutzte, sondern wahrscheinlich haben auch Sie gelernt, ihn als Entschuldigung für Ihr eigenes Verhalten einzusetzen. Zum Beispiel: »Sag deiner Lehrerin, dass du Schwierigkeiten zu Hause hast, dann wird sie es schon durchgehen lassen, dass du deine Hausaufgaben nicht gemacht hast. Das klappt immer.«

Gabi wurde zu mir geschickt, weil sie selbst trank, aber sie sorgte dafür, dass ich gleich erfuhr, wie kaputt ihr Leben war, weil ihr Vater trank.

»Er hat mich immer auf dem Kieker. Er geht mir ständig auf den Geist.«

»Was meinst du damit genau, Gabi?«

»Wenn ich abends etwas später als ausgemacht nach Hause komme, brüllt er mich an. (Mit fünfzehn musste sie erst um 1.30 Uhr zu Hause sein!) Wenn ich nicht ›Guten Morgen‹ sage, gibt er mir wirklich ganz schön einen drauf.«

Meine Antwort darauf lautete: »Gabi, ich trinke nicht besonders viel, aber in meinem Haus müsstest du um elf zu Hause sein, und ich würde nicht nur brüllen, wenn du später kämst. Und du würdest zu mir auch ›Guten Morgen‹ sagen, ob du willst oder nicht.«

Es ist leicht zu sehen, dass sie den Alkoholismus ihres Vaters als Vorwand benutzte, um Amok zu laufen. Wenn ihr Vater mit seinen strengen Reaktionen bewies, wie schrecklich er war, hatte sie in Wirklichkeit den Grund dafür geliefert, dass er sich aufregte. Ich sprang ziemlich hart mit Gabi um, erzählte ihr ganz genau, was ich bei ihr beobachtete und was ich davon hielt. Ich erkannte auch die tatsächlichen Schwierigkeiten in ihrem Leben an.

Als sie die Woche darauf wiederkam, sagte ich: »Ich bin letzte Woche ziemlich streng mit dir umgegangen. Es überrascht mich, dass du wiederkommst.«

»Als ich letzte Woche wegging, fühlte ich mich so schrecklich, dass ich wusste, irgendetwas war bei mir angekommen«, entgegnete sie.

Da sie mit ihrem schlechten Verhalten eigentlich gar nicht durchkommen wollte, war sie erleichtert darüber, dass sich schließlich doch jemand mit Nachdruck an sie wandte. Die Angst ihrer Mutter, eine ungute Situation noch zu verschlimmern, indem sie Stellung bezog, führte dazu, dass Gabi sehr verwirrt war. Wenn das Kind des Alkoholikers – nicht anders als der Alkoholiker selbst – jemals erwachsen werden will, dann muss es lernen, Rechenschaft abzulegen. Wenn man ein starkes Selbstgefühl hat, steht man für seine Taten ein. Ganz gleich, wie intensiv wir Beweggründe oder den Mangel an Beweggründen auch erforschen, wir sind, was wir tun. Wir streichen für das Angenehme Anerkennung ein, und wir müssen auch für das Unangenehme geradestehen. Entscheidend ist, dass wir für unser gesamtes Verhalten die Verantwortung übernehmen.

Durch die doppelten Botschaften, die Sie als Kind erhielten, haben Sie sich selbst aus den Augen verloren. Wo bleiben Sie in all dem Durcheinander? Wer macht sich denn über Sie überhaupt noch Gedanken? Ihre Eltern anscheinend nicht. Auch wenn Sie nicht verwirrt zu sein scheinen, so ist Ihr Selbstbild doch verzerrt.

Zumindest wissen Sie, dass Ihre Eltern Sie lieben. Sie können das nicht beweisen, aber Sie wissen es einfach. Diese Tatsache allein ist der Grund dafür, dass Sie die Schwierigkeiten Ihrer Kindheit überwinden können. Sie ist die entscheidende Komponente, die nicht einmal der Alkoholismus zerstören kann. Diese Liebe mag vielleicht verzerrt gewesen sein, aber sie war real ... Ihre Realität war verzerrt.

Deswegen ist auch Ihr Selbstgefühl verzerrt. Und aus diesem Grund gibt es viele Aspekte des Lebens, viele Aspekte im Hinblick auf das Erwachsenwerden und ein erfülltes Leben, über die Sie nichts gelernt haben. Ihnen fehlten die Gespräche zwischen Eltern und Kind wie zum Beispiel: »Wie mache ich das denn?« Und: »Was soll ich tun, wenn er mir das und das sagt?« »Wie soll ich mit diesem Problem umgehen? Wie komme ich damit klar?« Ihre Eltern waren so absorbiert vom Wahnsinn des Alkoholismus, dass sie weder die Zeit noch die Energie hatten, diese Probleme mit Ihnen zu besprechen.

Es gibt also viele Dinge, die Ihnen nicht vertraut sind, die Sie einfach nicht wissen. Darüber hinaus gibt es viele Dinge, von denen Sie noch nicht einmal wissen, dass Sie sie nicht wissen, und so können Sie auch nicht die richtigen Fragen stellen.

Was Sie wissen, ist, dass Sie niemals wirklich ein Gefühl von Zugehörigkeit hatten, und Ihnen ist nicht klar, warum eigentlich. Alle gehören so selbstverständlich irgendwo dazu, dass Sie noch nicht einmal fragen, warum. Sie tragen Ihre Kindheitsgefühle, Gedanken, Erfahrungen und Annahmen in der einen oder anderen Form Ihr ganzes Leben lang mit sich herum. Der Erwachsene, der nicht daran arbeitet, sich zu verändern und zu entwickeln, bleibt an seine Eltern und/oder seinen Ehegefährten gebunden, verhält sich am Arbeitsplatz genauso wie früher in der Schule, fühlt sich auch in der Gegenwart anderer Menschen isoliert und hat Angst davor, dass andere ihn kennen lernen.

Dieser Erwachsene trägt auch dazu bei, die Wahrscheinlichkeit zu vergrößern, dass er Alkoholiker wird, einen alkoholkranken Menschen heiratet – oder beides – und auf diese Weise den Teufelskreis fortsetzt.

2 Was geschieht heute mit Ihnen?

Das Kind wächst zum Erwachsenen heran. Wir alle glauben zu wissen, was ein Erwachsener ist – bis uns jemand fragt, ob wir das Wort definieren können. Auf der Suche nach Antworten, fangen wir an zu überlegen. Ich kann nicht für Sie definieren, was ein Erwachsener ist. Sie müssen es für sich selbst herausfinden. Vielleicht werden Sie dann erwachsen, wenn Sie Ihr Leben selbst in die Hand nehmen.

Im Rahmen dieses Buches heißt erwachsen sein, volljährig und mündig sein. Davon ausgehend können Sie sich – obwohl Sie alle erwachsen sind – fragen: »Wie erwachsen bin ich eigentlich?« Welche Rolle hat Ihre Vergangenheit in Ihrem Leben gespielt? Welche Aspekte Ihrer Vergangenheit konnten Sie zu Ihrem Vorteil nutzen? Welche Aspekte stehen Ihnen eher im Weg? Aus welchem Blickwinkel betrachten Sie sich selbst? Wie sehen Sie sich wirklich und wahrhaftig?

Sie haben eine Menge Fragen, von denen viele zu neuen Fragen führen. Weil Ihre Basis unsicher gewesen ist, haben Sie immer viele Fragen gehabt. Sie mögen noch nicht einmal gewusst haben, wie all diese Fragen lauteten, aber eines war sicher: Viele Antworten hatten Sie nicht.

Lassen Sie uns einmal schauen, wer Sie heute sind. Einfach hinschauen. Versuchen Sie beim Betrachten dieser Wesenszüge einmal nicht von der Annahme auszugehen, dass wieder einmal bewiesen werden soll, wie gestört Sie sind. Wenn ich Sie so gut kenne, wie ich glaube, werden Sie nämlich genau das tun.

Diese Liste ist nicht das Ergebnis einer wissenschaftlichen Erhebung. Sie besteht aus übereinstimmenden Aussagen, die erwachsene Kinder von Alkoholikern über sich selbst getroffen haben. Sie kamen überein, dass diese Wesenszüge Teil ihrer Persönlichkeit sind. Vielleicht treffen nicht alle auf Sie zu oder treffen nur bis zu einem bestimmten Grad zu. Dies ist kein Versuch, Sie einzustufen, aber zumindest wird die folgende Abhandlung Ihnen helfen, etwas besser zu verstehen, warum Sie so reagieren, wie Sie es tun, und Gründe für Verhaltensweisen zu finden, die Sie bislang nicht verstehen konnten. Es geht darum, Ihnen zu zeigen, dass Sie einige Züge, aufgrund derer Sie sich fragen, ob Sie emotional gesund sind, aus Ihrer Kindheit mitgebracht haben.

Sie können einfach Überbleibsel der Tatsache sein, dass Sie das Kind eines Alkoholikers sind. Die Form hat sich vielleicht verändert, aber der Inhalt bleibt derselbe. Wenn Sie sich diese Wesenszüge anschauen und anfangen, sie zu erforschen, können Sie sich um Veränderung bemühen.

1. Erwachsene Kinder von Alkoholikern haben keine klare Vorstellung davon, was normal ist.

Die Wichtigkeit dieser Aussage kann gar nicht genug betont werden, weil sie den tiefgreifendsten Wesenszug benennt. Erwachsene Kinder von Alkoholikern haben einfach nicht erfahren, was normal ist. Viele von ihnen gehen zu den Anonymen Alkoholikern oder zu Al-Anon. Es amüsiert mich oft zu beobachten, was geschieht, wenn sie zum zweiten Schritt kommen: »Wir kamen zu dem Glauben, dass eine Macht, größer als wir selbst, uns unsere geistige Gesundheit wiedergeben kann.« Sie glauben das felsenfest, und es ist sicherlich auch wahr. Es ist für die Genesung gewiss von Bedeutung, wichtig und wesentlich. Aber Sie wissen trotzdem nicht, was geistige Gesundheit ist. Sie sehen sich Dinge an, die normal zu sein scheinen, und versuchen, sie nachzuahmen. Sie wissen nicht, ob das, was Sie nachahmen, normal ist oder nicht, also verhalten sie sich, als wäre es normal, ohne eine gesunde Basis für ihre Entscheidung zu haben.

Das ähnelt sehr der Art von Gefühlen, die Homosexuelle haben, bevor sie aus der Heimlichkeit heraustreten. Da sie ihr ganzes Leben lang Dinge vertuscht haben, um nicht als Homosexuelle erkannt zu werden, leiden Sie unter großer Verwirrung. Sie haben so viel Zeit damit verbracht, herumzuraten, wie sie sich fühlen würden, wenn sie »normal« wären und andere nicht mehr gewisse Gerüchte über sie verbreiten könnten.

Ich meine, das ist mit den erwachsenen Kindern von Alkoholikern nicht viel anders. Ihr ganzes Leben lang raten sie herum, was richtig ist, damit die anderen nicht herausfinden, dass sie eigentlich nicht wissen, was sie tun. Sie machen sich Gedanken und sind verwirrt über Dinge, um die – so nehmen sie an – andere sich gar keine Sorgen machen. Sie trauen sich nicht nachzufragen, also können sie niemals ganz sicher sein. Noch wichtiger ist, dass sie nicht dumm dastehen wollen. Wenn Menschen wie ich dann Äußerungen machen wie: »Die einzig dummen Fragen sind die, die nicht gestellt werden«, sagen sie nichts. Aber sie denken für sich: »Das denkt *sie*! Wenn die wüsste ...!«

Wenn Sie einen Blick auf Ihre Vergangenheit werfen, wie sollen Sie da auch das geringste Verständnis für Normalität entwickelt haben können? Ihr Familienleben bewegte sich von leicht verrückt bis extrem absonderlich.

Da Sie nur dieses Familienleben kannten, war für Sie üblich, was andere als »leicht verrückt« oder »extrem absonderlich« betrachteten. Wenn es dazwischen Tage gab, die man als »normal« hätte bezeichnen können, waren sie gewiss nicht typisch und konnten nicht groß von Bedeutung sein.

Über Ihr chaotisches Alltagsleben hinaus fand ein Teil Ihrer Aktivitäten in einem Phantasieleben statt. Sie lebten in einer Welt, die Sie sich ganz und gar selbst geschaffen hatten, einer Welt, in der das Leben so und so sein würde, *wenn* ... Wie es zu Hause aussehen würde, *wenn* ... Wie Ihre Eltern miteinander umgehen würden, *wenn* ... Was alles möglich wäre, *wenn* ... Und Sie entwarfen ein ganzes Leben auf einer Grundlage, die unrealistisch war. Diese Phantasien über ein Leben, in dem Ihr Vater oder Ihre Mutter nüchtern war, halfen Ihnen wahrscheinlich zu überleben, verstärkten aber Ihre Verwirrung.

Sie haben sich Familiensendungen wie »Lindenstraße« im Fernsehen angeschaut und geglaubt, dass Menschen wirklich so leben. Was wussten Sie schon? Die anderen Familien, die Sie besuchten, waren zwar anders als Ihre, aber Ihre Gastgeber haben sich wahrscheinlich von der besten Seite gezeigt. Und selbst wenn nicht, konnten Sie sich nicht richtig vorstellen, wie das Leben bei anderen zu Hause aussah, denn Sie lebten ja nicht dort.

Kinder aus einem eher typischen Zuhause wissen, dass diese Fernsehserien nicht das wirkliche Leben zeigen. Sie betrachten sie als Märchen und genießen sie oder fühlen sich von deren Süßlichkeit und Perfektion gelangweilt, weil sie wissen, dass niemand tatsächlich so lebt, und nicht alles *immer* gut ausgeht.

Es wird ganz offensichtlich, dass Sie keinen Bezugsrahmen haben, an dem Sie messen können, was es heißt, in einem normalen Zuhause zu leben. Sie haben auch keinen Bezugsrahmen, um zu bestimmen, welche Gedanken und Gefühle normal sind. In einer Normalsituation muss man nicht ständig einen Eiertanz vollführen. Man muss seine Gefühle nicht ständig in Frage stellen oder unterdrücken. Weil Sie das taten, wurden Sie auch verwirrt. Vieles aus der Vergangenheit trug dazu bei, dass Sie keine klare Vorstellung davon haben, was normal ist.

Vor kurzem schickte man mir einen dreizehnjährigen Jungen zur Beratung. Beide Eltern waren genesende Alkoholiker und selbst Kinder von Alkoholikern. Weil der Junge in der Schule Schwierigkeiten hatte, sagte der stellvertretende Direktor, er habe schwere emotionale Probleme und solle eine Beratung aufsuchen. Durch das Wissen, dass beide Eltern Kinder von Alkoholikern waren, erhielt ich eine weitere wichtige Information: Sie wussten nicht, was es heißt, dreizehn Jahre alt zu sein. Ich wusste, dass sie als Kinder von Alkoholikern keine typischen Dreizehnjährigen gewesen waren.

Noch bevor ich ihren Sohn überhaupt gesehen hatte, beschrieb ich ihnen, was es heißt, ein Dreizehnjähriger zu sein, der in einem normalen Zuhause aufwächst. Sie waren sehr erleichtert, denn ich hatte ihren Sohn beschrieben. Mit keinem normalen Dreizehnjährigen lässt es sich immer einfach leben. Nachdem ich den Jungen mehrmals gesehen hatte, stellte ich angenehm überrascht fest, dass nichts mit ihm verkehrt war. Ja, er hatte in der Schule Schwierigkeiten. Ja, er war sehr kämpferisch. Ja, er hatte persönliche Konflikte mit dem stellvertretenden Direktor. Trotzdem gab es für ihn keinen Grund, einen Therapeuten aufzusuchen. Mit diesem Jungen war nichts verkehrt, was nicht dadurch kuriert werden würde, dass er über das Alter von dreizehn Jahren hinauswuchs.

Brüche in der Entwicklung gibt es nicht nur im System der Alkoholiker-Familie. Auch so genannte »normale« Familien teilen mit anderen das übliche Auf und Ab. Kinder, die in »normalen« Familien leben, können Verhaltensschwierigkeiten haben und emotional gestört sein, zum Teil gehört das generell zum Aufwachsen, zum Teil stecken vielleicht ernsthaftere Schwierigkeiten dahinter. Der Schlüssel liegt darin, den Unterschied zu kennen, und der Familie, deren Leben durch den Alkohol belastet ist, fällt es schwerer, die Dinge realistisch einzuordnen.

Wären die Eltern nicht selbst Kinder von Alkoholikern gewesen, hätten sie vielleicht erkannt, dass das Verhalten ihres Sohnes typisch für einen Heranwachsenden war. Sicherlich ist es ihr Verdienst, dass sie sich bemühten, es herauszufinden. Trotzdem war es auch ein bisschen traurig, dass sie nicht in der Lage waren zu erkennen, wie gut sie ihre Sache als Eltern machten und dass sie ein ganz normales, gesundes Kind großzogen, das all die üblichen und normalen Krisen beim Heranwachsen durchlaufen würde. Aufgrund ihrer eigenen Geschichte wussten sie einfach nicht, was es heißt, normal zu sein.

Das ist ein Beispiel dafür, wie die Elternrolle dadurch beeinflusst wird, dass die Eltern Kind eines Alkoholikers sind und keine klare Vorstellung davon haben, was es heißt, normal zu sein.

Der folgende Fall zeigt, wie dieser Umstand in einer Ehe zum Tragen kommen kann.

Zu der Zeit, als Beate und Jakob mich aufsuchten, war Jakob seit sechzehn Jahren genesendes Mitglied bei den Anonymen Alkoholikern und Beate ebenso lange bei Al-Anon. Sie waren sich als Paar sehr zugetan und hatten beide lange an sich, ihren familiären Beziehungen und an ihrer Ehe gearbeitet. Beate, der eine Hysterektomie (operative Entfernung der Gebärmutter, Anm.d.Ü.) bevorstand, betrachtete das als sehr bedeutendes Ereignis auf ihrem Lebensweg. Sie hatte ihr ganzes Leben damit verbracht, ihren Mann, sechs Kinder und das Haus zu versorgen.

Sie wollte eine Zeit lang total verwöhnt werden. Ihre Kinder sollten sie versorgen, und ihr Mann – falls erforderlich – seine Arbeit liegen lassen, obwohl er gerade Präsident einer Gesellschaft geworden war. Sie forderte, er solle auf die Kinder aufpassen und sie emotional und physisch unterstützen. Sie machte ganz deutlich, dass jetzt sie an der Reihe war, und wollte, dass das allen gefiel.

Jakob war sehr für sie da und machte ihr Mut, aber sie war sich nicht sicher, ob er das auch wirklich so meinte. Als sie hereinkamen, waren sie verstritten.

Ich wusste, dass Jakob nicht nur selbst Alkoholiker, sondern auch das erwachsene Kind eines alkoholsüchtigen Vaters gewesen war. Das bedeutete, er war in einer Umgebung aufgewachsen, in der er nicht sicher war, welche Gefühle angemessen waren. Er war sich nicht darüber im Klaren, welche Reaktion auf die Situation richtig war. Er war innerlich aufgewühlt, und ich konnte sehen, dass das Problem genau umrissen werden musste.

Also wandte ich mich an Jakob und sagte: »An Ihrer Stelle würde ich im Augenblick sehr viele Gefühle haben. Ich würde meine Frau auf jeden Fall unterstützen wollen, weil mir sehr an ihr liegt. Gleichzeitig würde ich denken, dass sie sehr viel Getue um diese Hysterektomie macht, dass Frauen in der ganzen Welt diese Operation erleben, und dass er – obwohl es ein wichtiger Eingriff ist – wenn überhaupt, selten tödlich ausgeht, und sie das Ganze wirklich mehr als nötig aufbauscht. Viele Frauen von Freunden von mir haben diese Operation durchgestanden, und das war keine so große Sache, wie Beate daraus macht. An Ihrer Stelle würde ich soweit für sie da sein, wie ich könnte, aber ich wäre vorsichtig damit, Geschäftsreisen abzusagen und aus dem Büro früher nach Hause zu gehen, wenn ich aufpassen müsste, dass die Arbeit dort erledigt wird; und dann soll ich mich neben den Schwierigkeiten im Büro auch noch um den Haushalt kümmern und auf die Kinder aufpassen. Wissen Sie, das wäre wirklich eine große Belastung für mich, und ich hätte das Gefühl, dass sich um mich gar keiner Gedanken macht. Dass man von mir erwartet, ich solle an mich gar nicht mehr denken, sondern all diese Aufgaben übernehmen und das auch noch gerne tun. Irgendwie würde ich doch einen Groll hegen, obwohl ich das nicht richtig zugeben könnte, denn wie schäbig, wenn ein Mann für die Frau, die er liebt und die gerade eine schwere Zeit durchmacht, solche Gefühle hat, wo man doch von ihm erwartet, dass er sie unterstützt.«

Was ich ihm beschrieb, waren die typischen Reaktionen auf diese Situation. Und obwohl seine Gefühle typisch und voraussehbar waren, wusste er das nicht. Als Kind durfte er nur die Gefühle zeigen, die seine Mutter akzeptabel fand. Im Laufe der Jahre hatte er allmählich gelernt, seine Gefühle für sich zu behalten. Das war weitaus ungefährlicher, als die Missbilligung seiner Mutter zu riskieren. Weil er seine Gefühle auf die augenblicklichen Umstände als unangemessen verurteilte und die Missbilligung seiner Frau nicht riskieren wollte, behielt er für sich, was er empfand.

Er starrte mich mit offenem Mund an. Er fühlte sich bestimmt so, als hätte ich ihm die Kleider vom Leib gerissen und als säße er nun nackt da. Beate sagte dann: »Natürlich fühlst du dich so, Jakob. Ganz klar. Genauso habe ich mich auch gefühlt, als du letztes Mal im Krankenhaus warst, und ich dich versorgen musste.«

Man konnte die Erleichterung im ganzen Zimmer spüren. Er fand heraus, dass alles, was er fühlte, in Ordnung war, alles war perfekt und gut, natürlich und *normal*. Er hatte nicht gewusst, dass es nicht hieß, ein Bastard zu sein, der sich nicht um seine Frau kümmerte, wenn er so fühlte. Das musste ihm jemand sagen.

Sobald ich die Information hatte, dass er das erwachsene Kind eines Alkoholikers war, fiel es mir nicht weiter schwer, mich genau auf das zu konzentrieren, was diesem Paar Schwierigkeiten bereitete.

Sie erholte sich dann sehr schnell von der Operation, er konnte sie unterstützen, und die Ehe läuft gut. Sie berücksichtigt mehr, dass er einige Dinge einfach nicht weiß, und er versteht jetzt, dass seine Reaktionen gar nicht so merkwürdig sind, vor allem die nicht, die er als Kind zu unterdrücken gelernt hat.

2. Erwachsenen Kindern von Alkoholikern fällt es schwer, ein Vorhaben von Anfang bis Ende durchzuführen.

Bei einem abendlichen Treffen erwachsener Kinder von Alkoholikern ging es um das Thema Hinausschieben. Als ich sie bat, darüber zu sprechen, lautete die einleitende Antwort: »Ich bin die Größte, was das Hinausschieben von Dingen betrifft.« Oder: »Irgendwie scheine ich einfach nicht im Stande zu sein, irgendetwas, was ich anfange, auch zu Ende zu bringen.« Als ich einige erwachsene Kinder von Alkoholikern aufforderte, sich etwas genauer zu äußern, bekam ich Folgendes zu hören:

Bob sagte: »Ich weiß, was Sie meinen. Ich bin gerade damit konfrontiert. Ich bin bei der Arbeit auf Schwierigkeiten gestoßen, als ich versuchte, Informationen zusammenzutragen und sie auf ein Blatt Papier zu schreiben. Ich habe unglaubliche Schwierigkeiten zu sehen, worum es geht und das einfach auf ein Stück Papier zu schreiben. Ich sitze da und quäle mich ab, bis jemand sagt: ›Was machst du da bloß, verdammt noch mal? Dies und das und jenes, und ich brauche das!‹ Und plötzlich wird es offensichtlich, und warum verdammt noch mal habe ich nicht daran gedacht? Ich habe Angst. Das ist meine Arbeit. Ganz wesentlich für das, was ich im Augenblick tue. Ich kann nicht ewig so weitermachen. Ich kann nicht auf ewig ein seit sechs Monaten neu Eingestellter sein, und ich bin total erschrocken.«

Anke äußerte Folgendes: »Wenn ich eine lange Akte zusammentrage, renne ich mich fest. Ich frage mich wirklich, was zum Teufel eigentlich mit mir los ist, ich kann die Daten einfach nicht zusammenstellen. Ich habe all das Material da liegen und kann es nicht einsortieren. Es fällt mir so schwer, nicht alles liegen zu lassen, auch wenn ich daran interessiert bin und es zu Ende bringen möchte. Das ist so ein verdammter Kampf.

Auf dem College hatte ich alle diese unvollständigen Arbeiten liegen, für die ich eine Sechs bekam. Für die Kurse, die ich machte, bekam ich lauter Einsen, aber all diese Sechsen machten mich wirklich krank. Mir macht das auch Angst, weil es meine Arbeit ebenfalls beeinträchtigt.«

Diese Kommentare sind ziemlich typisch, und es ist nicht schwer zu verstehen, warum diese Schwierigkeiten existieren. Diese Menschen sind keine Zauderer im herkömmlichen Sinne.

In der typischen Alkoholiker-Familie wird eine Unmenge von Dingen versprochen. Die tolle Arbeitsstelle wartete immer um die Ecke. Der großartige Handel stand immer kurz vor dem Abschluss. Die Arbeit, die im Haus zu erledigen war, würde im Handumdrehen fertig sein. Das Spielzeug, das gebaut werden sollte – der Handwagen, die Puppenstube – und so weiter ...

»Ich mache gleich dies, ich mache gleich das.« Aber weder dies noch das kam jemals zu Stande. Und darüber hinaus wollte der Alkoholiker auch noch Lob dafür, dass er die Idee überhaupt hatte, dass er überhaupt die Absicht hatte, dies und das zu tun. In diesem Umfeld sind Sie aufgewachsen.

Erinnern Sie sich an die Projekte, die etwas weiter gediehen? Das Wohnzimmer streichen zum Beispiel. Erinnern Sie sich daran, wie der Alkoholiker losging, um Farbe zu kaufen, zurückkam, alles mit Plastikfolie abdeckte, und dann vergingen Ewigkeiten, bis das Wohnzimmer schließlich gestrichen wurde? Falls nicht Ihre Mutter irgendwann einmal die Nase voll hatte und selbst zum Pinsel griff.

Es gab viele ähnliche Vorhaben. Tausend schöne Ideen, die niemals in die Tat umgesetzt wurden. Wenn doch, war inzwischen so viel Zeit verstrichen, dass Sie die ursprüngliche Idee längst vergessen hatten.

Wer nahm sich die Zeit, sich mit Ihnen hinzusetzen, wenn Sie eine Idee hatten, und zu sagen: »Das ist eine gute Idee. Wie willst du vorgehen, um das zu machen? Wie lange wirst du dafür brauchen? Welche Schritte sind damit verbunden?« Wahrscheinlich niemand. Wann haben Ihr Vater oder Ihre Mutter schon einmal gesagt: »Donnerwetter! Das ist ja eine großartige Idee! Meinst du, du kannst das wirklich machen? Kannst du nicht in kleineren Schritten vorgehen, damit das für dich machbar wird?« Wahrscheinlich niemals.

Das soll nicht heißen, dass *sämtliche* Eltern, die ohne Alkohol leben, ihren Kindern beibringen, Probleme zu lösen. Es soll aber heißen, dass in einer funktionierenden Familie das Kind Vorbilder für dieses Verhalten und diese Haltung hat. Das Kind beobachtet den Ablauf und stellt dabei vielleicht sogar Fragen. Das Lernen kann eher indirekt als direkt vor sich gehen, aber es geschieht. Da Ihre Erfahrungen so ganz anders aussahen, überrascht es mich nicht, dass Sie Schwierigkeiten haben, ein Vorhaben von Anfang bis Ende durchzuführen. Sie haben nicht gesehen, wie das geht, und wissen nicht, wie Sie es anstellen sollen. Mangelndes Wissen ist nicht das Gleiche wie Dinge hinausschieben.

Im letzten Abschnitt dieses Buches werden wir darüber sprechen, wie Sie diesen alarmierenden Zustand ändern können.

3. Erwachsene Kinder von Alkoholikern lügen, wo es ebenso leicht wäre, die Wahrheit zu sagen.

Lügen ist ganz grundlegend für das Familiensystem, das durch den Alkohol beeinträchtigt wird. Es kommt zum Teil als offenkundige Verleugnung von unangenehmen Realitäten daher, zum Teil als Vertuschung, nicht eingehaltenes Versprechen und Unzuverlässigkeit. Es nimmt die verschiedensten Formen an und hat viele Auswirkungen. Obwohl das Lügen, von dem hier die Rede ist, sich von der üblichen Form von Lüge etwas unterscheidet, stellt es mit Sicherheit eine Abwendung von der Wahrheit dar.

Die erste und grundsätzlichste Lüge ist, dass die Familie Probleme verleugnet. Die Vortäuschung, dass alles zu Hause in Ordnung sei, ist also eine Lüge, und die Familie spricht sehr selten über die Wahrheit, noch nicht einmal untereinander. Vielleicht weiß jeder die Wahrheit insgeheim für sich, aber zugleich existiert der Kampf, sie zu verleugnen.

Die nächste Lüge, das Vertuschen, hängt mit der ersten zusammen. Die Nichtalkoholiker in der Familie decken den Alkoholiker. Als Kind haben Sie mit angesehen, wie Ihr nicht trinkender Elternteil den Alkoholiker deckte. Sie hörten, wie er oder sie am Telefon Ausreden für Ihre Mutter oder Ihren Vater erfand, weil diese oder dieser einer Verpflichtung nicht nachgekommen war oder zu spät kam. Das ist Teil der Lüge, die Sie lebten.

Sie hörten auch eine Menge Versprechen von Ihrem alkoholkranken Elternteil. Auch hier stellte sich heraus, dass alles Lüge war.

Lügen als Norm war bei Ihnen zu Hause Teil Ihrer Erfahrungen, Teil dessen, was Ihnen nützlich erschien. Zu gewissen Zeiten machte es das Leben sehr viel angenehmer. Wenn Sie logen und sagten, Sie hätten Ihre Arbeit erledigt, konnten Sie eine Zeit lang mit Ihrer Faulheit durchkommen. Wenn Sie bei der Frage logen, warum Sie keinen Freund mit zu sich bringen konnten oder zu spät nach Hause kamen, konnten Sie Unannehmlichkeiten aus dem Weg gehen. Das schien das Leben für alle Beteiligten einfacher zu machen.

Auch wenn Ihre Familie vertrat, Ehrlichkeit sei eine Tugend, wussten Sie, dass das nicht viel zu sagen hatte. Also verlor die Wahrheit ihre Bedeutung.

Lügen wurden zur Gewohnheit. Darum ist die Aussage, »Erwachsene Kinder von Alkoholikern lügen, wo es ebenso leicht wäre, die Wahrheit zu sagen«, wichtig. Aber wenn es Ihrer Erfahrung nach ganz natürlich ist zu lügen, ist es vielleicht doch nicht so einfach, die Wahrheit zu sagen.

In unserem Zusammenhang bedeutet, »es würde ebenso leicht sein, die Wahrheit zu sagen«, dass Ihnen das Lügen keine Vorteile einbringt.

Die folgenden Kommentare stammen von erwachsenen Kindern von Alkoholikern, die sich wegen ihres Lügens große Sorgen machen. Wahrscheinlich werden Sie sich in diesen Äußerungen zumindest teilweise wieder erkennen.

Ilse, eine sechsundzwanzigjährige Berufsberaterin, deren Mutter Alkoholikerin war, sagte: »Ich ertappe mich beim Lügen, und auf halben Wege will ich sagen: ›Hör auf! Das ist eine Lüge, so stimmt das gar nicht. Lass uns noch mal von vorne anfangen.‹ Aber ich schäme mich zu sehr. Ich weiß nicht, warum ich beim Heranwachsen eigentlich lügen musste. Ich weiß nur, dass ich es tat. Ich glaube, ich bauschte oft irgendwelche Geschichten auf, damit man mich beachtete, und ich glaube, ich fühlte mich schlecht, weil man mich nicht erwischte, denn wenn die Leute mit mir geredet, mir zugehört und mich gekannt hätten, hätten sie auch gewusst, dass ich Blödsinn redete, und das konnte ich wirklich gut. Manchmal fing ich an, so zu tun, als ob ich krank wäre, und dann wurde ich tatsächlich krank. Darin war ich wirklich Expertin. Das war so viel leichter, als zu sagen, dass ich einfach nicht konnte, was andere konnten. Ich hatte das Gefühl, es wäre schrecklich, wenn ich aufgeben würde, ich würde mein Gesicht verlieren. Es war aber traurig, und ich tat es nicht gerne. Da war ständig die Panik, erwischt zu werden. Es hätte mir nichts ausgemacht, erwischt zu werden, denn dann hätte ich mit den Faxen aufhören können. Ich machte es wohl, weil ich glaubte, nicht mithalten zu können. Ich wusste einfach nicht wie, und dann fing ich an, die Dinge aufzubauschen. Alles wurde sehr kompliziert. Ich musste früher Freundschaften beenden, weil ich einfach mit meinen eigenen Lügen nicht mehr Schritt halten konnte. Ich möchte mit dem Lügen aufhören. Ich möchte wirklich damit aufhören. Wenn ich mich mittendrin ertappe, fürchte ich mich zu Tode. Ich möchte einfach sagen, ›Anhalten!‹ und einen Schritt zurückgehen, zur Wahrheit hin. Ich weiß wirklich nicht, was ich tun soll. Wenn es nur um eine belanglose, kleine blöde Sache geht, fühle ich mich wie der letzte Dreck.«

Bernd, ein dreißig Jahre alter Ingenieur, dessen Eltern beide genesende Alkoholiker sind, sagte: »Ich erinnere mich an eine Gelegenheit, als ich wirklich eine dicke Lüge auftischte. Das war auf einer Wanderung in den Bergen mit einigen Freunden. Wir wanderten von einer Hütte zu einem anderen Ort, der ein paar Kilometer weit entfernt lag, durch den Schnee. Die Temperatur fiel, und es war wirklich sehr, sehr kalt. Ich hatte das Frühstück weggelassen, wir waren in Eile, mit dem Packen fertig zu werden, und ich hatte nur ein paar Schokoladenriegel oder etwas Ähnliches gegessen. Ich rannte hinter dem Rest der Gruppe her. Mit der Zeit begann die Gruppe sich aufzulösen. Der Wind blies heftig, und überall lag Schnee. Ich blieb hinter den anderen zurück und erinnere mich daran, dass ich sehr ärgerlich war, weil sie nicht langsamer gingen und auf mich warteten, aber gleichzeitig war ich auch wütend auf mich, weil ich nicht mit ihnen Schritt halten konnte. Ich hatte da dieses Buch über Unterkühlung gelesen. Ich wusste, wie ich das machen musste und schmierte sie an. Ich wurde langsamer hinter ihnen, zu den Symptomen gehört, dass man im Kopf wie benebelt wird, also fing ich an, vom Weg abzugehen. Als sie wieder zusammenkamen und anfingen, sich zu wundern, wo ich bliebe, hatten wir eine gute Stunde vergeudet. Sie kamen zurück und unternahmen alles, was zu tun ist, um jemanden aus der Unterkühlung zu holen. Ich wollte diese Aufmerksamkeit unbedingt für mich, und ich nehme an, ich war an einem Punkt angelangt, wo ich alles getan hätte, um sie zu bekommen. Sie verließen mich. Ich schlitterte hinterher, und niemand hatte es bemerkt. Wir waren im Gebirge, und ich hätte erfrieren können, und bei dem, was ich mir einredete, war es leicht, das umzusetzen. Gut, ich mach's, ich werde erfrieren. Wir werden schon sehen, was ihr macht, wenn ich mit Unterkühlung hier liegen bleibe.

In Wirklichkeit hatte ich zweihundert Dollar für eine phantastische Ausrüstung ausgegeben und hätte einen ganzen Monat lang im Schnee liegen bleiben können, ohne zu erfrieren. Also tat ich einfach als ob. Ich war nervös bei dem Gedanken, dass man mich erwischte. Wie man das machte, wusste ich, war aber körperlich nicht in der Lage, das zu bringen, was die anderen Jungens brachten.

Als ich heranwuchs, wusste ich, dass die Wahrheit nicht wichtig war. Wenn meine Eltern sternhagelvoll waren, war es gleichgültig, ob man die Wahrheit sagte oder was man überhaupt sagte. Wenn meine Mutter betrunken war, lebte sie in ihrer eigenen Welt, und das Gespräch drehte sich darum, wie alt die Waschmaschine oder der Kühlschrank war oder Ähnliches. Ich kam da nicht vor. So etwas wie: › Deine Noten sind nicht gut genug‹ wurde nicht gesagt. Ich existierte einfach nicht.

Das Gleiche gilt auch für meinen Vater. Auch er war isoliert. Es gab also weder Wahrheit noch Lüge. Man konnte sagen, was man wollte. Man hätte nackt mit einer Rose zwischen den Zähnen durch die Gegend tanzen können, und sie hätten es einfach nicht bemerkt.«

Stefan, ein sechsunddreißigjähriger Berater für Alkoholiker, dessen Eltern beide trinken, sagte: »Was, wenn es ums Überleben geht? Als Kind wurde ich ein sehr raffinierter Lügner, hauptsächlich indem ich auswählte, was ich erzählte. Wenn mein Vater mich etwas fragte, und ich gab ihm eine ehrliche Antwort, kritisierte er mich jedes Mal. Ich sagte ihm also nicht mehr die Wahrheit und bemerkte, dass das sehr gut lief. Würde er die unehrliche Antwort kritisieren, konnte ich die Kritik beiseite tun, weil sie keinen praktischen Wert hatte, denn es stimmte ja gar nicht, was ich ihm erzählte. Nach all den Jahren mache ich das immer noch. Zu 98 % bin ich ehrlich, ich bin bekannt für meine Ehrlichkeit, aber ich halte mir die anderen 2 % immer in Reserve. Ich glaube, ich begann, das Anlügen anderer Menschen auf ein Minimum zu reduzieren, als ich in eine Situation geriet, wo ich nicht mehr wusste, was ich eigentlich gesagt hatte.

Ich muss unterscheiden zwischen dem Lügen über Dinge und dem Lügen über Gefühle. Was Gefühle betrifft, so fällt es mir sehr schwer, sie offen mitzuteilen, mir selbst und anderen gegenüber ehrlich zu sein.

In meiner Familie hatte meine Mutter den Ruf einer krankhaften Lügnerin, und ich habe den Verdacht, dass ich die Dinge aufbauschen und größer machen musste, als sie wirklich waren, um überhaupt etwas Aufmerksamkeit zu bekommen. Ich meine vor allem, um von meinen Eltern beachtet zu werden. Wenn meine Eltern betrunken waren, einer von ihnen oder beide, war es leicht zu lügen und damit durchzukommen. Sie nahmen die Dinge auch nicht so genau. Wenn ich ihnen manchmal Geschichten erzählte, hatte ich wirklich das Gefühl, dass sie die lieber hörten als die

Wahrheit. Solange wie ich nicht eingesperrt wurde oder sie in Verlegenheit brachte, wollten sie gar nichts wissen.

Ich lernte ziemlich schnell, dass die Wahrheit sagen wahrscheinlich das Schlimmste war, was ich tun konnte. Lügen war in Ordnung, ich musste nur so schlau sein, es zu vertuschen. Ich geriet selten in Schwierigkeiten, also wurde meine Glaubwürdigkeit kaum in Frage gestellt.«

Sandra, ein dreiundzwanzigjähriges Kind von Alkoholiker-Eltern, sagte: »Lügen ist etwas, dass ich bei anderen Menschen absolut nicht toleriere. Mein Ex-Mann belog mich, bevor wir heirateten, und das brachte uns beinahe auseinander. Ich belüge mich selbst ständig, ohne es zu wissen. Ich bastele mir eine Idee oder eine Vorstellung zusammen und glaube mit jeder Faser meines Wesens daran. Irgendwann sage ich dann zu mir – und das ist wie ein Schlag ins Gesicht –: ›Das glaubst du doch selbst nicht.‹ Ich habe mich die ganze Zeit selbst getäuscht und bin dazu noch immer im Stande – mich selbst zu belügen –, aber andere Leute anzulügen fällt mir sehr schwer. Das heißt, ich würde nicht absichtlich lügen. Aber ich bin dafür bekannt, dass ich Freundschaften beende, wenn der Punkt kommt, wo ich zu ehrlich sein muss. Ich gehe weg, wenn das Ehrlichsein zu anstrengend wird.

Es gibt nur sehr wenige Menschen, denen ich meine Gefühle offen zeige. Ich kann mich innerlich wie vernichtet fühlen, und wenn jemand mich fragt, ›Wie geht's?‹, sage ich: ›Gut.‹

Bei meiner Arbeit bin ich ehrlich, aber ich teile mich nicht mit, wie sollte ich also unehrlich sein? Bei den A.A.-Treffen teile ich mich etwas mit. Ich erzähle aber nicht sehr viel von mir. Wenn ich mal wirklich ehrlich bin, schauen die Leute mich an, als ob ich ihnen fremd wäre.

Ich halte mich selbst für ehrlich, weil ich eine Pfarrerstochter bin, und es heißt: ›Du sollst nicht lügen.‹ Wenn ich jetzt darüber nachdenke, fällt mir auf, dass meine Mutter mir nie geglaubt hat. Sie glaubte mir nie, als ich ein heranwachsendes Mädchen war.

Einmal rannte ich von der Schule nach Hause, ein paar Kinder hatten Steine nach mir geworfen. Als ich zu Hause ankam, erzählte ich das meiner Mutter, und sie sagte: ›Das stimmt gar nicht. Du lügst.‹ Ich war außer Atem, ich war erschöpft, Tränen rollten mir über die Wangen, und sie glaubte mir nicht. Das geschah ständig.

Einmal zogen mich ein paar Kinder über Steinstufen, und ich schürfte mir den Rücken auf. Sie glaubte nicht, dass das stimmte. Sie glaubte nicht, dass andere Kinder ihrer Tochter das antun könnten. Ich fühlte mich, als schlüge ich mit dem Kopf gegen eine Wand und käme um keinen Zentimeter durch.

Vielleicht bin ich deswegen heute so vorsichtig und überlege genau, was ich von mir mitteile. Ich möchte nicht, dass man mir nicht glaubt, wenn ich die Wahrheit sage. Ich möchte dieses Risiko nicht eingehen. Also teile ich lieber nur sehr wenig von mir mit.«

Diese Menschen sind im Gespräch darüber, was das Lügen in ihrem Leben bedeutet, sehr wach für sich selbst und teilen ihre Schwierigkeiten, die Wahrheit zu sagen, ehrlich und ohne Angst mit. Das ist der erste Schritt auf dem Weg, diesen Aspekt Ihrer Persönlichkeit zu ändern. Auch Sie können sich verändern, wenn Sie den Wunsch danach verspüren.

4. Erwachsene Kinder von Alkoholikern verurteilen sich gnadenlos.

Als Kind gab es für Sie keinen Weg, lieb genug zu sein. Sie wurden ständig kritisiert. Sie glaubten, Ihrer Familie würde es ohne Sie besser gehen, weil Sie der Grund für all die Schwierigkeiten seien. Vielleicht wurden Sie völlig sinnlos kritisiert. »Wenn du nicht so ein verdorbenes Kind wärst, müsste ich nicht trinken.« Das ergibt gar keinen Sinn, aber wenn Sie etwas oft und lange genug hören, glauben Sie es schließlich. Die Folge ist, dass Sie diese ständige Kritik als negatives Selbstgefühl verinnerlicht haben. Sie hält an, auch wenn Ihnen heute niemand mehr so etwas sagt.

Da es unmöglich ist, dem Maß an Perfektion zu genügen, das Sie als Kind verinnerlicht haben, erreichen Sie niemals das Ziel, das Sie sich gesetzt haben. Als Sie Kind waren, war nichts, was Sie taten, wirklich gut genug. Wie sehr Sie sich auch anstrengten, Sie hätten sich eben noch mehr anstrengen sollen. Bekamen Sie eine »1«, hätte es eine »1+« sein sollen. Sie waren nie gut genug. Ich habe einen Klienten, der mir erzählte, seine Mutter sei so fordernd gewesen, dass er seine Offiziere bei der Militärausbildung im Vergleich dazu lasch fand. Und das wird Teil von Ihnen, Teil Ihrer Persönlichkeit und der Art und Weise, wie Sie sich selbst sehen. Nach einer gewissen Zeit können all diese »du sollst und du sollst nicht« lähmend wirken.

Ein Aspekt dieser Umstände ist, dass Menschen auch dann mit Erfolg ein negatives Selbstbild aufrechterhalten, wenn das Gegenteil offensichtlich ist. Und das funktioniert so: Wenn irgendetwas schief geht, sind Sie dafür verantwortlich. Irgendwie hätten Sie es anders anfangen sollen, und dann wäre die Sache auch besser verlaufen. Alles, was gut läuft, hat mit allem Möglichen zu tun, nur nicht mit Ihnen. Es wäre sowieso so gelaufen. Wenn es aber ganz eindeutig ist, dass Sie für ein positives Ergebnis verantwortlich sind, tun Sie das mit den Worten ab: »Ach, das war doch leicht. Das ist doch ganz unwichtig.«

Das ist bestimmt keine Bescheidenheit, sondern eine Verzerrung der Realität. Es fühlt sich sicherer an, das negative Selbstbild beizubehalten, weil Sie daran gewöhnt sind. Lob für Ihre Fähigkeiten anzunehmen hieße, die Art und Weise zu verändern, wie Sie sich selbst sehen, hieße, sich vielleicht etwas weniger streng zu beurteilen und sich stattdessen mehr zu akzeptieren und zu sagen: »Ich habe den Fehler zwar gemacht, aber an *mir* ist nichts verkehrt.«

Die folgende Äußerung von Ellen ist ein gutes Beispiel für eine weitere Form von automatischer Selbstverurteilung, die ich oft zu hören bekomme. Sie spricht über ihre Operation und wie sie im Anschluss daran nach Hause kam. Sie ruft ihre Mutter an, die kommt, um sie zu versorgen.

»Gut. Ich bin diejenige, die den Eingriff hatte, und meine Mutter fängt an, meine sämtlichen Freundinnen und Freunde anzugreifen, sowie sie zur Tür hereinkommen, um mich zu besuchen. Sie hatte einen prächtigen Streit mit einer meiner Freundinnen, griff sie heftig an, aber meine Freundin konterte entsprechend. Am Ende des Abends kümmerte ich mich um meine Mutter. Ich war diejenige, die meiner Mutter heißen Tee brachte, um ihre Nerven zu beruhigen, dabei hätte ich selbst etwas Tee, Liebe und Mitgefühl gebraucht. Aber ich weiß, dass ich in Wirklichkeit nur deswegen total wütend auf meine Mutter war, weil sie mich nicht so versorgte, wie *ich* es gern gehabt hätte. Sie tat es nicht so, wie ich es wollte, und ich war ziemlich egoistisch.«

Ellen fand, dass sie etwas falsch gemacht hatte, weil sie wollte, dass die Dinge auf ihre Art geschahen. Sie verurteilte sich dafür, dass sie sich nicht wohl fühlte und umhegt werden wollte.

Sie sagte zu mir: »Das mache ich immer. Das ist einer meiner hervorstechendsten Züge. Dass ich nämlich alles verurteile, was ich mache, zum Teil deswegen, weil ich alles schwarz-weiß sehe. Entweder etwas ist absolut schlecht oder absolut gut. Dazwischen gibt es nichts. Das meiste, was ich an mir beobachte, ist schlecht, auch wenn ich gedanklich weiß, dass es gut ist, kann ich das nicht spüren.«

Was Ellen sagt, ist ziemlich typisch. Ich arbeitete auch mit einer weiteren Klientin von mir an den »Solls«. Sie war an einem Punkt angelangt, wo sie vollkommen bewegungsunfähig war, und ich forderte sie auf, eine Liste mit all den »Solls« anzufertigen, die sie sich im Laufe eines Tages selbst auferlegte. Die Liste war enorm lang. Als sie in der Lage war, sie objektiv anzuschauen, lachte sie und sagte: »Ich höre jetzt auf damit, mich zu verurteilen. Ich werde mich auch dann nicht mehr verurteilen, wenn ich vollkommen im Irrtum bin.«

Sich selbst verurteilen gehört zu den Dingen, die Sie am besten können, denn dieses Verhalten ist in Ihrer Persönlichkeit verwurzelt. Manchmal liegt darin sogar eine gewisse Art von Lust und Trost.

Die erwachsenen Kinder von Alkoholikern, die ich kenne und die zu den Anonymen Alkoholikern und zu Al-Anon gehen, können kaum abwarten, zum vierten und fünften Schritt zu kommen. Der vierte Schritt lautet: »Wir machten eine gründliche und furchtlose Inventur in unserem Inneren.« Und der fünfte: »Wir gaben Gott, uns selbst und einem anderen Menschen gegenüber unverhüllt unsere Fehler zu.«

Wenn ich beobachte, wie sie kurz nach ihrem Eintritt diese Schritte angehen, weiß ich, was sie tun werden. Sie betrachten die Schritte vier und fünf als gute Gelegenheit, über sich herzufallen. Sie verurteilen sich für Wesenszüge, von denen sie bislang noch nicht einmal gewusst haben, dass sie ihnen Eigen sind. All diese Wesenszüge sind negativ. Es ist nie ein positiver Zug darunter. Niemals gehen sie positiv damit um. Sie fühlen sich bei diesen Schritten sofort zu Hause. Und die Vorstellung, dass sie sich vor einem anderen Menschen geißeln können, ist absolut großartig.

Es nützt nichts, wenn ich ihnen nahe lege, dass die Beratung auch eine Form von Inventur ist und sie die offizielle Inventur doch etwas später machen können. Man kann sie mit nichts abhalten. Ich lasse eine Warnung los, dass sie sich selbst gewaltig etwas vormachen werden. Aber sie tun es trotzdem und kommen dann wieder, damit ich ihnen helfe, die Scherben zusammenzusuchen. Wir machen weiter. In einem späteren Stadium absolvieren sie den vierten und fünften Schritt mit sehr viel mehr Erfolg. Aber zu Anfang sind diese Schritte für sie eine großartige Gelegenheit, über sich selbst herzufallen.

Ihr Urteil über andere ist nicht annähernd so streng wie das, das Sie über sich fällen, auch wenn Sie sich schwer tun, das Verhalten anderer Menschen differenziert zu betrachten. Schwarz oder weiß, gut oder schlecht – das ist die typische Art und Weise, wie Sie die Dinge sehen. Beide Seiten bedeuten schrecklich viel Verantwortung. Sie wissen, wie das Gefühl aussieht, schlecht zu sein, und zu welchem Verhalten dieses Gefühl Sie bewegt. Und wenn Sie gut sind, besteht immer das Risiko, dass es nicht anhält. Sie setzten sich also in jedem Fall unter Druck. Ganz gleich, auf welcher Seite Sie sich befinden, Sie sind ständig großen Belastungen ausgesetzt. Wie schwer und anstrengend das Leben ist. Wie schwierig es ist, sich einfach zurückzulehnen, sich zu entspannen und zu sagen: »Es ist völlig in Ordnung, ich selbst zu sein.«

5. Erwachsenen Kindern von Alkoholikern fällt es schwer, Spaß zu haben.

6. Erwachsene Kinder von Alkoholikern nehmen sich sehr ernst.

Diese beiden Wesenszüge hängen eng zusammen. Wenn Sie sich schwer tun, Spaß zu haben, nehmen Sie sich wahrscheinlich sehr ernst; würden Sie sich nicht so ernst nehmen, hätten Sie bestimmt mehr Spaß.

Und wieder müssen Sie, um dieses Problem verstehen zu können, einen Blick zurück auf Ihre Kindheit werfen. Wie sehr hat Ihnen Ihre Kindheit Spaß gemacht? Sie müssen darauf nicht antworten. Kinder von Alkoholikern haben einfach nicht viel Spaß. Ein Kind eines Alkoholikers beschrieb sein Leben als »chronisches Trauma«. Sie haben Ihre Eltern nicht lachen und Witze und Blödsinn machen sehen. Das Leben war eine sehr ernste und ärgerliche Angelegenheit. Sie haben nicht richtig gelernt, wie man mit anderen Kindern spielt. Sie konnten sich einigen Spielen anschließen, aber waren Sie wirklich im Stande, ausgelassen zu sein und Spaß zu haben? Und selbst wenn, wurden Sie abgeschreckt.

Der Ton im Haus setzte Ihrem Spaß einen Dämpfer auf. Mit der Zeit sind Sie so herumgelaufen wie alle anderen auch. Es machte einfach keinen Spaß, Spaß zu haben. In Ihrem Haus war dafür kein Platz. Sie gaben es auf. Es ging einfach nicht. Das spontane Kind in Ihnen wurde weggedrängt.

Im letzten Sommer spielten die Mitarbeiter in einem Ferienlager für die Kinder von Alkoholiker-Eltern, die zum großen Teil selbst erwachsene Kinder von Alkoholikern waren, wahrscheinlich zum ersten Mal in ihrem Leben. »Das einzige Lager, das ich bisher kennen gelernt habe, war in Vietnam«, sagte einer der Betreuer. Andere berichteten, dass sie zum ersten Mal in ihrem Leben Frisbee gespielt hätten. Sie hatten viel Spaß und wurden sehr kindlich dabei, und das war eine völlig neue Erfahrung für sie.

Es ist also wirklich kein Wunder, dass Ihnen nichts Spaß macht. Sie missbilligen vielleicht sogar, wenn andere sich ausgelassen verhalten und denken: »Schau dir das an, sie macht wirklich eine Närrin aus sich.« Aber irgendwo tief in Ihrem Inneren wünschen Sie sich in Wirklichkeit, das auch zu können.

Bei der Rutger Sommerakademie für Alkohol-Forschung warfen einige von uns einen Ball herum, und andere schauten zu. Einige erwachsene Kinder von Alkoholikern erzählten mir später, wie gern sie mitgemacht hätten. »Ich wollte aufstehen und liebend gern mitmachen, aber ich konnte es einfach nicht. Ich wollte mich nicht lächerlich machen. Ich wollte nicht blöde dastehen.«

Das spontane Kind, das vor so vielen Jahren weggedrängt wurde, kämpft darum, befreit zu werden. Der Druck, erwachsen sein zu müssen, trägt dazu bei, dass das Kind unterdrückt bleibt. Sie führen mit sich selbst Krieg. Aber die Angst vor dem Unbekannten siegt. Was könnte nicht alles geschehen, wenn das Kind seine Freiheit gewänne? Was würde das bedeuten? So rationalisieren Sie.

Sich freuen, ausgelassen und kindlich sein, heißt dumm sein. Kein Wunder, dass es den erwachsenen Kindern von

Alkoholikern schwer fällt, Spaß zu haben. Das Leben ist eine zu ernste Angelegenheit.

Sie haben auch Schwierigkeiten, sich losgelöst von Ihrer Arbeit zu betrachten, deshalb nehmen Sie sich auch in Ihrem Beruf sehr ernst, ganz gleich, was Sie tun. Sie können die Arbeit ernst nehmen, ohne sich selbst zu ernst nehmen zu müssen. Sie gehören zu den Hauptanwärtern für totale Erschöpfung.

Als wir eines Abends über das Thema Arbeit sprachen, wandte sich mir Inge mit einem sehr ärgerlichen Gesicht zu und sagte: »Sie bringen mich dazu, über mich zu lachen, aber Sie sollen wissen, dass ich das überhaupt nicht lustig finde.«

7. Erwachsene Kinder von Alkoholikern haben Schwierigkeiten mit intimen Beziehungen.

Erwachsene Kinder von Alkoholikern sehnen sich sehr nach gesunden intimen Beziehungen, aber diese sind aus mehreren Gründen für sie sehr schwierig.

Der erste und offensichtlichste Grund dafür ist, dass Sie keinen Bezugsrahmen für eine gesunde intime Beziehung haben, weil Sie nie eine gesehen haben. Das einzige Vorbild, das Sie kennen, sind Ihre Eltern, und Sie und ich wissen, dass das kein gesundes Vorbild war.

Sie tragen außerdem die Erfahrung des »Komm her – geh weg« mit sich herum – der Unbeständigkeit einer liebevollen Eltern-Kind-Beziehung. Den einen Tag fühlten Sie sich geliebt, am nächsten zurückgewiesen. Es ist schrecklich, mit der Angst vor dem Verlassenwerden aufwachsen zu müssen. Auch wenn diese Angst nicht überwältigend ist, wird sie zum Hindernis. Wenn man nicht weiß, wie es ist, eine beständige, tagtägliche, gesunde intime Beziehung zu einem anderen Menschen zu haben, ist es sehr schmerzlich und kompliziert, eine solche Beziehung aufzubauen.

Das Vor und Zurück zwischen einlassen und vermeiden, das »Komm zu mir – geh weg«, die kolossale Angst vor Nähe bei gleichzeitiger Sehnsucht und dem Bedürfnis danach, wird in dem folgenden Gedicht von John Gould schön dargestellt.

Warum kommst du?

Ich will dich nicht.
Ich brauche dich nicht.
Ich will dich nicht sehen.
Und trotzdem kommst du immer wieder.
Ich werde aus dir nicht schlau.
Ein schönes Mädchen wie du,
sollte in der Lage sein,
einen anderen zu finden.
Ich weise dich zurück,
und trotzdem kommst du
immer wieder.
Wohin ich auch gehe,
du bist da.
Du stiehlst mir einfach
zu viel Zeit.
Warum kommst du?
Warum gehst du nicht weg?
Das wirst du gleich tun?
Gut!
Was wolltest du
von einem Kerl wie mir?
Liebe.
Bitte komm zurück.
Sie ist fort.

John Gould

Die folgende Beschreibung zeigt den gleichen Konflikt. Simon hatte sich das erste Mal auf eine Beziehung eingelassen und erzählt, was passierte:

»Letzte Woche brachte mir Christa ein paar Früchte. Ich trinke viel Hawaii-Punsch. Sie hatte die Etiketten von den Dosen abgezogen und sie auf die Früchte geklebt, die sie mir brachte und überreichte. Mir war zum Heulen zumute. Sie dachte, meine Ernährung sei vielleicht nicht gut genug und wollte mir diese Früchte bringen. Aber sie brachte mir nicht einfach Früchte. Sie klebte auch noch diese dummen, kleinen Etiketten drauf!«

Das bedeutete ihm so viel, dass er weinen wollte, aber er musste einen Weg finden, das abzustellen. Vor und zurück. Der innere Kampf geht ständig weiter.

Karin spricht aus einem anderen Blickwinkel über das gleiche Thema. Sie leidet als Erwachsene aufgrund ihrer früheren Erfahrungen unter der gleichen Verwirrung.

»Es fällt mir so viel leichter, mit negativen Emotionen umzugehen, vor allem was meine Beziehungen mit Männern betrifft. Ich weise jeden zurück, der bereit ist, mich zu lieben. Ich habe das Gefühl, dass die einzige Möglichkeit, wie ich mich jemals in jemanden verlieben könnte, darin besteht, dass er ein absolut perfekter Mensch ist, der zur Tür hereinkommt, und die Beziehung ist sofort und automatisch vollkommen. Sonst will ich überhaupt nichts. Ich fange an, mich für jemanden zu interessieren und mich um ihn zu bemühen, und in dem Augenblick, in dem er an mir Interesse zeigt, will ich gar nichts mehr. Alles ist weg. Damit bin ich an einem Punkt angelangt, wo mich das die meiste Zeit über noch nicht einmal beunruhigt. Warum soll ich's überhaupt noch versuchen, wo ich doch sowieso weiß, wie ich mich verhalten werde? Ich bin mir nicht sicher, ob ich Angst davor habe, zu lieben oder geliebt zu werden. Mir fällt dazu nur ein, dass ich Angst habe, niemals zu wissen, ob Liebe real ist, oder wenn sie real ist, dass sie mir dann wieder weggenommen wird.«

Auf diese Weise wird die Angst vor dem Verlassenwerden zum Hindernis für den Aufbau einer Beziehung. Das Aufbauen jeder gesunden Beziehung erfordert sehr viel Geben und Nehmen und Problembewältigung. Ein Paar hat immer wieder mit Missverständnissen oder mit Ärger zu tun. Das winzigste Missverständnis wird für erwachsene Kinder von Alkoholikern sehr schnell zu einem Riesenproblem, weil das Thema »Verlassenwerden« in den Vordergrund tritt.

Karin fühlt sich durch ihre Sorge, verlassen zu werden, stark beeinträchtigt.

»Ich nehme alles, was Beziehungen betrifft, so ernst. Wenn ich das Gefühl habe, nicht richtig behandelt zu werden, reagiere ich mit Ärger und Panik und ›Oh, mein Gott!‹. Ich werde wirklich total gereizt und rede und reagiere ärgerlich, aber ich weiß, die anderen werden nicht bei mir bleiben wollen. Irgendwie bin ich das nicht wert. Die anderen sind für mich immer in Ordnung. Selbst wenn ich es wert bin, werden sie mich aber auf jeden Fall verlassen, und ich kann nichts tun, damit sie bleiben; es braucht nicht viel, damit sie weggehen. So ist das immer. Ich habe das Gefühl, ständig irgendetwas tun zu müssen, damit sie bleiben. Und es ist nicht so, dass ich diese Dinge aus mir heraus tue. Ich tue etwas, damit sie bleiben und nicht weggehen. Da ist in mir immer dieses ›Verlass mich nicht!‹«

Nora schildert ähnliche Gefühle:

»Ich reagiere wirklich mit großer Panik, wenn jemand auf mich ärgerlich ist. Meine Panik ist so extrem, dass ich wirklich nicht mehr weiß, was ich machen soll. Immer wenn es einen winzigen Streit gibt, wird die Angst so stark, dass der Streit eskaliert, und ich würde gern mal wissen, wie andere Menschen mit Ablehnung umgehen, weil es für mich dann sofort ums Verlassenwerden geht.«

Resultat der Angst vor dem Verlassenwerden ist, dass Sie kein Selbstvertrauen haben. Sie fühlen sich nicht wohl mit sich oder glauben nicht, dass Sie liebenswert sind. Also schauen Sie sich bei anderen nach dem um, was Sie sich selbst nicht geben können, um sich wohl zu fühlen. Sie fühlen sich gut, wenn jemand anderes Ihnen sagt, Sie seien in Ordnung. Unnötig zu sagen, dass Sie damit sehr viel persönliche Macht an andere abgeben. In einer Beziehung geben Sie dem anderen die Macht, Sie aufzumuntern oder herunterzumachen. Sie fühlen sich wunderbar, solange man Sie gut behandelt und Ihnen sagt, dass Sie wunderbar seien, aber wenn nicht, fühlen Sie sich auch nicht mehr so.

Einige deutliche Beispiele dafür kamen in einer der Gruppen für Kinder von Alkoholikern zutage, die ich leite:

Eduard sagte: »Ich habe Angst, zurückgewiesen zu werden. Ich bin sehr abhängig. Wenn ich mich in die Gruppe einbringe, schaue ich mich immer danach um, ob Hanne mich gut findet. Ich weiß, dass das blöde ist. Es wäre zwar schön, wenn sie es täte, aber ich hätte dieses Bedürfnis lieber nicht. Ich würde mir gern das Bedürfnis abgewöhnen, mich ständig für alles, was ich tue, nach Zustimmung umzusehen. Das sitzt mir wirklich im Nacken und nimmt sehr viel Zeit in Anspruch. Ich bemühe mich ständig um die Gunst der anderen.«

Rolf stimmte ihm zu. »Das habe ich mich auch gefragt. Was das soll, dieses Abmühen vor Zuhörern, die Leuten Zustimmung geben, die zusammenkommen, um an sich zu arbeiten, denn ich bin sicher, dass das Zustimmung hervorruft. Mir ist der Gedanke gekommen, dass das, was ich tue, um in die Gruppe reinzukommen, vielleicht einfach nur ein raffinierter Schachzug ist, damit ich Zustimmung bekomme.«

Diese überwältigenden Ängste, verlassen oder zurückgewiesen zu werden, verhindern im Entwicklungsprozess einer Beziehung jede Leichtigkeit. Gepaart mit einem Gefühl von Dringlichkeit – »Es geht nur jetzt; wenn ich es nicht jetzt tue, passiert es nie« – üben sie Druck auf die Beziehung aus. Dadurch wird es sehr viel schwieriger, sie sich langsam entwickeln zu lassen, damit zwei Menschen sich besser kennen lernen und ihre Gefühle und Einstellungen auf vielfältige Weise erforschen können.

Durch dieses Gefühl von Dringlichkeit fühlt der andere sich in die Enge getrieben, auch wenn das nicht beabsichtigt ist. Ich kenne ein Paar, das große Schwierigkeiten hat, weil sie bei jedem Streit in Panik gerät und sich Sorgen macht, dass er sie gleich verlassen wird. Sie braucht mitten im Streit ständig die Bestätigung, dass er sie nicht verlässt und sie immer noch liebt. Wenn er in einen Konflikt verwickelt ist, was auch für ihn schwierig ist, möchte er sich lieber zurückziehen und alleine sein. Es braucht nicht betont zu werden, dass das die Lösung des jeweiligen Streitthemas noch zusätzlich erschwert.

Dieses Gefühl von Unsicherheit, die Schwierigkeiten, zu vertrauen, sowie die Angst, verletzt zu werden, haben nicht nur erwachsene Kinder von Alkoholikern. Die meisten Menschen kennen diese Probleme aus eigener Erfahrung. Nur wenige Menschen fangen eine Beziehung mit dem vollen Vertrauen an, dass sie sich ihren Hoffnungen entsprechend entwickeln wird. Sie beginnen eine Beziehung zwar voller Hoffnung, aber auch mit den verschiedensten Ängsten.

Die Dinge, die für Sie ein Grund sind, sich Sorgen zu machen, gelten also nicht nur für Sie. Es ist einfach eine Frage, wie ausgeprägt sie sind, und da Sie das Kind eines Alkoholikers sind, wurden bei Ihnen ganz gewöhnliche Schwierigkeiten verstärkt.

Erwachsene Kinder von Alkoholikern scheinen nicht mehr und nicht weniger sexuelle Probleme zu haben als die übrige Bevölkerung.

Bei meinen zahlreichen Gesprächen mit erwachsenen Kindern von Alkoholikern fand ich heraus, dass ihre Unterhaltungen, ihre Einstellungen und Gefühle sich nicht von denen anderer Gruppierungen unterscheiden. Die Komplexe, die einige von ihnen haben, hängen mehr mit der Kirche und dem kulturellen Umfeld zusammen als damit, was früher bei ihnen zu Hause vor sich ging. Das heißt nicht, dass zu Hause nicht reichlich absurde Dinge passierten, sondern dass die Ereignisse in Alkoholiker-Familien nicht mehr und nicht weniger absurd sind, als das, was ich auch von anderen Familien gehört oder bei ihnen gesehen habe.

Fachleute auf dem Gebiet des Alkoholismus beschäftigen sich jetzt eingehend mit dem Problem des Inzest. Wir geben uns große Mühe, ihn zu verstehen, um bei unseren Klienten gesunde Veränderungen bewirken zu können. Ich bezweifle, dass Alkoholiker sich häufiger Inzest zu Schulden kommen lassen als andere Menschen. Es kann sein, dass betrunkene Erwachsene häufiger Inzest begehen als nüchterne, aber wir sprechen hier von Alkoholikern, nicht von Menschen, die aufgrund von Alkohol enthemmt sind.

Was Sexualität generell betrifft, so waren die Kinder von Alkoholikern nicht in der Lage, sich mit ihren Eltern hinzusetzen und darüber zu sprechen. Ich glaube jedoch, dass das nicht nur für sie gilt. Es fällt Menschen schwer, über Sexualität zu reden, ganz unabhängig davon, ob sie mit Alkoholismus leben oder nicht. In gewisser Weise lässt sich das im Alkoholiker-Familiensystem leichter entschuldigen. Wenn sie zu sehr in der Tretmühle sind, um überhaupt etwas zu besprechen, ist Sexualität ein ebenso lästiges Thema wie jedes andere auch.

Wir wissen, dass die sexuelle Beziehung der Eltern ebenso zusammenbricht wie jede andere Form der Kommunikation. Wir wissen, dass sexuelle Initiative und sexueller Rückzug zu einer Waffe werden und dass die sexuellen Erfahrungen der Partner ebenso ungesund werden wie andere Erfahrungen auch. Ich weiß aber, dass Sexualität auch von Paaren als Waffe eingesetzt wird, die nicht durch den Alkohol beeinträchtigt sind.

Ich will damit nicht sagen, dass das erwachsene Kind eines Alkoholikers auf jeden Fall gesunde sexuelle Einstellungen entwickelt hat. Aber auch das Gegenteil möchte ich nicht nahe legen. Es ist meine Erfahrung, dass das erwachsene Kind von Alkoholikern nicht mehr und nicht weniger Probleme mit seiner Sexualität hat als andere Menschen auch.

8. Erwachsene Kinder von Alkoholikern zeigen eine Überreaktion bei Veränderungen, auf die sie keinen Einfluss haben.

Das ist ganz einfach zu verstehen. Das kleine Kind des Alkoholikers hatte keinen Einfluss. Der Lebensstil des Alkoholikers wurde ihm ebenso aufgedrängt wie dessen Milieu. Um überleben zu können, musste es diese Situation umdrehen. Es musste anfangen, seine Umgebung in den Griff zu bekommen. Das wurde und blieb für sein Leben äußerst wichtig. Das Kind des Alkoholikers lernt, sich selbst mehr als irgendjemandem sonst zu vertrauen, wenn es unmöglich ist, sich auf das Urteil eines anderen Menschen zu verlassen.

Das Resultat ist, dass man Ihnen oft vorwirft, Sie seien kontrollierend und rigide und könnten nicht spontan sein. Das stimmt wahrscheinlich auch, kommt aber nicht daher, dass Sie alles auf Ihre Weise machen wollen, oder weil Sie verwöhnt wären und nicht bereit sind, sich die Ideen anderer anzuhören. Dieses Verhalten entspringt vielmehr der Angst, dass Sie die Kontrolle über Ihr Leben verlieren, wenn es zu schnellen, abrupten Veränderungen kommt, an denen Sie nicht beteiligt sind.

Das ist ohne Frage eine Überreaktion. Und Überreaktionen werden im Allgemeinen durch die früheren Erfahrungen eines Menschen verursacht. Im jeweiligen Augenblick mögen anderen die Dinge lächerlich vorkommen, auf die Sie überreagieren. Aber Ihre Reaktion erfolgt automatisch. »Das kannst du mir nicht antun. Nein, ich gehe nicht ins Kino, wenn wir beschlossen haben, Rollschuh zu laufen.« Sie ist fast ein unwillkürlicher Reflex.

Wenn Sie sich im Nachhinein Ihre Reaktionen und Ihr Verhalten anschauen, kommen Sie sich etwas dumm vor, aber im entsprechenden Augenblick waren Sie nicht in der Lage, umzuschalten.

9. Erwachsene Kinder von Alkoholikern suchen ständig Anerkennung und Bestätigung.

Suchende Augen,
blicken in Sekundenschnelle
zweifelnd in alle Zimmerecken –
Augenbrauen, steil gerunzelt;
blitzschnell wandernde, kühle, etwas ungewisse Finger,
erforschen die Luft, die sie umgibt –
Um ihren zweifelnden Gedanken zu bestätigen,
es ist wahr, es gibt dich wirklich;
sich im Spiegel fremder Gedanken schauend,
glaubt sie nur selten an sich selbst –
Ihr Dasein als Spiegelung hinnehmend,
klärt der Nebel selten auf,
der Spiegel ist ein Glas
und ihre Seele liegt bloß da –
Weiß sie, dass sie sie selbst ist –
Wirklich.

Marya DePinto

Wir sprechen über eine innere und eine äußere Kontrolle. Wenn ein Kind geboren wird, diktiert ihm seine Umgebung, welche Gefühle es sich selbst entgegenzubringen hat. Die Schule, die Kirche und andere Menschen – sie alle haben einen Einfluss, aber der wichtigste Einfluss wird von den Menschen ausgeübt, die wir als »primäre Bezugspersonen« bezeichnen. In der Welt des Kindes sind das die Eltern. Das Kind beginnt also, ein Bild von sich zu gewinnen, das durch die Botschaften geprägt ist, die es von seinen Eltern erhält. Wenn es dann älter wird, werden diese Botschaften verinnerlicht und tragen bedeutend zu seinem Selbstbild bei. Die Entwicklung verläuft in Richtung innerer Kontrolle.

Die Botschaft, die Sie als Kind erhielten, war sehr wirr. Es war keine bedingungslose Liebe. Es hieß nicht: »Ich finde dich großartig; aber was du da gemacht hast, macht mich nicht gerade glücklich.« Die Definitionen waren nicht klar, und die Botschaften waren vermischte. »Ja, nein, ich liebe dich, geh weg.« Sie wuchsen also mit ziemlich viel Verwirrung über sich selbst auf. Die fehlende Bestätigung als Kind auf einer täglichen Basis interpretierten Sie negativ.

Wenn Sie jetzt Bestätigung erhalten, ist es sehr schwierig für Sie, sie anzunehmen. Die Bestätigung annehmen hieße anfangen, Ihr Selbstbild zu verändern.

Luise hatte genau dieses Problem, obwohl sich bei ihr Veränderungen abzuzeichnen begannen. »Bei der Arbeit sind in den letzten vier Monaten sehr viele Leute auf mich zugekommen und haben gesagt: › Sie sind wirklich sehr nett. Ich freue mich, dass Sie hier sind.‹ Manche haben das mehrmals gesagt, und es war hart für mich, das anzunehmen. Ich frage mich, was hinterher kommt. › Luise, Sie sind ein netter Mensch, aber ...‹ Das habe ich nämlich in meiner Kindheit immer gehört. Das › Aber‹ war jedes Mal verheerend. Jetzt gehe ich so damit um, dass ich sage: › Danke.‹ Ich warte immer noch auf das › Aber‹, fange aber allmählich an zu glauben, dass ich das sage, nicht die anderen.«

Ein weiterer Gruppenteilnehmer berichtete von einer Beziehung, aus der er sich zurückzog, weil die Bestätigung, die er dort erhielt, zu große Veränderungen bei ihm bewirkt hätte. Er sagte: »Nach der letzten Woche kam mir der Gedanke, dass die Beziehung vielleicht deswegen nirgendwo hinführte, weil Christa mich mochte; und weil sie mich mochte – hielt ich sie für wertlos.«

Jeder, der sich ihm zuwandte, konnte nicht viel wert sein. Dieses selbstzerstörerische Denken brachte ihn genau um die Bestätigung und Anerkennung, die er sich so verzweifelt wünschte.

10. Erwachsene Kinder von Alkoholikern haben meistens das Gefühl, anders zu sein als andere Menschen.

Kinder von Alkoholikern haben das Gefühl, anders zu sein als andere Menschen, weil das bis zu einem gewissen Grade auch stimmt. Es gibt aber mehr Menschen, die so fühlen, als ihnen klar ist. Sie nehmen auch an, dass sich in einer Gruppe von Menschen alle wohl fühlen – nur sie nicht. Das gilt aber nicht nur für sie. Natürlich versucht niemals jemand zu erforschen, wie die verschiedenen Methoden von Menschen aussehen, mit denen sie ihre Verlegenheit verstecken. Stimmt das nicht auch für Sie?

Interessant ist, dass Sie auch in einer Gruppe von erwachsenen Kindern von Alkoholikern das Gefühl haben, anders zu sein als die anderen. Sie tragen dieses Gefühl seit Ihrer Kindheit mit sich herum, und selbst wenn es gar keinen Anlass dafür gibt, ist das Gefühl doch stärker. Andere Kinder hatten die Gelegenheit, wirklich Kind zu sein. Sie nicht. Sie machten sich sehr viel Sorgen über das, was zu Hause vor sich ging. Sie konnten sich beim Spielen mit anderen Kindern niemals völlig wohl fühlen. Sie konnten nicht ganz da sein. Ihre Sorgen um die Schwierigkeiten zu Hause überschatteten Ihr ganzes übriges Leben.

Was mit Ihnen geschah, geschah auch mit dem Rest der Familie. Sie wurden isoliert. Resultat ist, dass das soziale Leben, das Teilhaben an einer Gruppe, zunehmend schwieriger wurde. Sie entwickelten einfach nicht die sozialen Fähigkeiten, die notwendig sind, um sich als Teil einer Gruppe wohl zu fühlen.

Sie rätselten herum, wie Sie das anfangen könnten. Helga versuchte es mit Bestechungen. »Ich versuchte es mit Barbie-Puppen. Ich hatte eine unglaubliche Sammlung von diesen Puppen und schenkte die schönsten weg, um eine Freundin zu gewinnen. Meistens fanden sie, ich sei ziemlich blöd, weil ich die Puppe weggab, und hielten noch weniger von mir.«

David sagte: »Ich verlieh meine Bücher. Meine Bücher waren für mich mit das Wertvollste, was ich hatte.«

Ein weiteres Kind eines Alkoholikers erzählte: »Ich gab den anderen oft, was sie im Augenblick am meisten brauchten, das war, wie einen Angelhaken auslegen, damit sie mich mochten, und vielleicht war ich die Erste, bei der sie anbissen. Als Kind beobachtete ich, wie mein Vater andere auf diese Art manipulierte, und ich sah, wie gut das bei ihm funktionierte. Also nahm ich an, das würde auch bei mir gut klappen.«

Zum Thema Rollenvorbilder berichtet Helga:

»Irgendwie suche ich mir Leute nach diesem unrealistischen Bild aus, so in Richtung strahlend, schlau, liebevoll, die Typen von der Friedenstruppe. Ich wähle Vorbilder, die einfach nur reizend, nett, lieb und all das sind. Ich suche nie Leute aus, die wirklich passen, sondern die perfekt zu sein scheinen. Ich nahm mir nie jemanden zum Vorbild, der brutal oder tyrannisch war. Ich schaue mir das an und denke, so sollte es nicht sein, aber ich weiß, dass die Leute, die ich mir aussuche, nie die richtigen waren.«

David stimmt ihr zu: »Ich habe mir als Kind auch nicht die richtigen Vorbilder ausgesucht. Aber ich ging ins andere Extrem. All die Menschen, mit denen ich mich herumtrieb, waren schlimmer als ich. Ich suchte mir alle Teenager-Trinker aus, die Kerle, die Hustensaft mit Kodein tranken, Frauen, die nicht im Stande waren, feste sexuelle Beziehungen mit einem Mann einzugehen. Ich war als Jugendlicher reichlich frustriert. Ich suchte mir die Dicken aus. Ich hätte nicht gewagt, mich mit einer gut aussehenden Frau zu verabreden. Ich habe immer noch sehr wenig Freunde.«

Es fällt Kindern von Alkoholikern schwer zu glauben, dass sie als der Mensch, der sie sind, akzeptiert werden, ohne sich dieses Akzeptiertwerden verdienen zu müssen. Sich anders als andere und isoliert zu fühlen ist Teil ihrer Verkleidung.

11. Erwachsene Kinder von Alkoholikern sind entweder übertrieben verantwortlich oder total verantwortungslos.

Sie nehmen alles auf sich oder geben ganz auf. Dazwischen gibt es nichts. Sie versuchten, Ihren Eltern zu gefallen, indem Sie sich immer mehr anstrengten, oder Sie erreichten einen Punkt, bei dem Sie erkannten, dass sowieso alles egal war, also haben Sie überhaupt nichts getan. Sie haben auch keine Familie erlebt, in der zusammengearbeitet wurde. Sie hatten keine Familie, in der sonntags beschlossen wurde: »Lasst uns alle im Garten arbeiten. Ich mache dies und du das, und dann kommen wir wieder zusammen.«

Da Sie nicht wissen, wie es ist, mit Menschen zusammenzuarbeiten, einen Teil der Aufgaben zu übernehmen und dann alle Teile zu einem Ganzen zusammenkommen zu lassen, machen Sie entweder alles oder gar nichts. Sie haben auch kein gutes Gespür für Ihre eigenen Grenzen. Es fällt Ihnen außerordentlich schwer, nein zu sagen, also laden Sie sich immer mehr auf. Das machen Sie nicht etwa, weil Sie ein übertriebenes Selbstgefühl haben, sondern eher weil Sie 1. Ihre Kräfte nicht realistisch einschätzen können; oder 2. Angst haben, dass man Ihnen auf die Schliche kommt, wenn Sie nein sagen. Man wird dahinter kommen, dass Sie es nicht können. Die Qualität Ihrer Arbeit hat offensichtlich keinen Einfluss auf Ihr Selbstgefühl. Also übernehmen Sie immer mehr. Bis Sie schließlich am Ende sind.

Die ständige Angst, man könne Ihnen auf die Schliche kommen, verbraucht viel Energie. Sie raubt Ihnen auch die Kraft, die Sie einsetzen könnten, um Ihre Arbeit besser zu tun. Nicht besser, gemessen an den Anforderungen Ihres Vorgesetzten, denn dem geben Sie wahrscheinlich sowieso schon mehr, als er von Ihnen verlangt, sondern besser im Sinne von effizienter.

Helga spricht darüber, wie sie sich mit ihrer Arbeit fühlt.

»Niemand hat irgendetwas gesagt. Niemand hat sich über meine Arbeit beklagt. Wenn überhaupt, dann haben sie mich gelobt. Alle waren nett zu mir. Als ich krank war, waren alle sehr verständnisvoll, und ich stehe immer noch da und warte auf die Kündigung. Dabei weiß ich, dass ich meine Arbeit gut mache. Ich bin einfach so unsicher, und diese Unsicherheit überschattet alles, was ich gut mache. Ich warte immer noch darauf, dass ich gefeuert werde.«

Aufgrund ihrer Unsicherheit verhält sie sich wie folgt:

»Ich habe es wirklich geschafft, mich verrückt zu machen, was die Arbeitseinteilung betrifft. Ich habe meine Zeit und Energie so eng bemessen, dass ich mich selbst unter einen unglaublichen Druck gesetzt habe. Dadurch bin ich heute in solch einem Zustand ins Büro gekommen, dass ich anfing zu weinen, als man mir ein weiteres Papier mit ›Würden Sie bitte ...‹ übergab. Ich scheine dieses Verantwortungsding zu haben, wo ich denke, ich muss alles übernehmen, ob es in meinen Verantwortungsbereich fällt oder nicht. Ich möchte es gerne können und denke, ich sollte auch fähig dazu sein.«

Schließlich steigerte sie sich in Folgendes hinein:

»Ich werde morgen nicht arbeiten. Keine zehn Pferde bringen mich morgen zur Arbeit. Ich glaube, ich habe gar keinen Urlaub mehr, und ich weiß, dass man mein Gehalt kürzen wird, aber ich kann einfach nicht mehr hingehen. Nicht diese Woche. Ich kann nicht hingehen und all diese Menschen sehen und arbeiten. Ich kann nicht arbeiten. Ich kann überhaupt nichts. Ich bin einfach blockiert. Es ist höllisch frustrierend. Ich hatte heute sehr viel Arbeit, und mir war schlecht. Ich kam zu Hause an und drehte durch. Spazierte herum, lief im Zimmer auf und ab, rief alle Bekannten an, und niemand war zu Hause. Alle Welt war zum Essen ausgegangen. Es tut mir Leid. Das alles hat einen Punkt erreicht, wo ich glaube, ich kriege nichts mehr auf die Reihe.«

Im Gespräch mit einer Gruppe erwachsener Kinder von Alkoholikern sagte ich einmal etwas sarkastisch: »Sie packen Ihre Tage so voll, dass Ihnen noch nicht einmal Zeit bleibt, auf die Toilette zu gehen.« Daraufhin antwortete mir ein junger Mann: »Das stimmt nicht. Wir planen Zeit für die Toilette ein. Nur ist es so, dass wir ein Buch mitnehmen.«

12. Erwachsene Kinder von Alkoholikern sind extrem zuverlässig, auch wenn offensichtlich ist, dass etwas oder jemand diese Zuverlässigkeit gar nicht verdient.

Das Zuhause, das vom Alkohol geprägt ist, scheint ein sehr zuverlässiger Ort zu sein. Familienmitglieder bleiben dort lange über den Zeitpunkt hinaus, wo die Vernunft ihnen sagt, es sei besser zu gehen. Diese so genannte »Zuverlässigkeit« ist aber vor allem eine Folge von Angst und Unsicherheit; trotzdem wird es als vorbildlich betrachtet, wenn man nicht einfach geht, nur weil alles eine Schinderei ist. Dieses Empfinden bringt die erwachsenen Kinder dazu, Verbindungen aufrechtzuerhalten, die sie besser auflösen würden.

Da es so schwierig ist, Freundschaften zu schließen oder eine Beziehung aufzubauen, ist die Anstrengung permanent, wenn der erste aufwendige Schritt erst einmal unternommen wurde. Liegen Sie jemandem so am Herzen, dass er Ihr Freund, Ihr Geliebter oder Ihr Ehemann wird, sind Sie verpflichtet, für immer bei ihm zu bleiben. Wenn Sie jemanden an sich herangelassen haben, wenn der andere entdeckt hat, wer Sie sind und Sie nicht zurückweist, dann reicht allein diese Tatsache für Sie aus, dass Sie die Beziehung aufrechterhalten. Die Tatsache, dass Sie schlecht behandelt werden, spielt keine Rolle. Dafür können Sie rationale Gründe finden. Ganz gleich, was der andere sagt oder tut, Sie finden einen Weg, ihn zu entschuldigen und den Fehler bei sich zu sehen. Das wiederum bestärkt Sie in Ihrem negativen Selbstbild und lässt Sie in der Beziehung bleiben. Ihre Zuverlässigkeit ist beispiellos.

Eine bestehende Beziehung bietet auch viel Sicherheit. Man kennt sie, und das Vertraute ist immer sicherer als das Unbekannte. Veränderungen sind extrem schwierig, und Sie würden viel lieber bei dem bleiben, was Sie haben.

Sie wissen auch nicht viel darüber, wie eine gute Beziehung eigentlich aussieht. Also bleiben Sie bei dem, was Sie haben, ohne zu wissen, dass es etwas Besseres oder anderes geben könnte. Sie wursteln sich einfach irgendwie durch.

Helga sagte zu diesem Thema:

»Es war so: wenn ich mich einmal zu etwas verpflichtete, blieb ich auch dabei. Und zwar weil ich so viel Angst davor hatte, ich selbst zu sein. Ich wusste gar nicht, dass es auch andere Ehen gab als die, die meine oder seine Eltern führten. Ich wollte, dass meine Ehe gut lief, so dass wir ein Haus kaufen, Kinder haben konnten, alles richtig machten, glücklich und zufrieden waren, uns mochten und liebten. Es lief nicht so, aber ich konnte das nicht aufgeben.«

13. Erwachsene Kinder von Alkoholikern sind impulsiv. Sie neigen dazu, sich mit Verhaltensweisen festzurennen, ohne alternative Handlungsmöglichkeiten oder eventuelle Konsequenzen ernsthaft zu bedenken. Diese Impulsivität führt zu Verwirrung, Selbstverachtung und Kontrollverlust über ihre Umgebung. Das Resultat ist, dass sie enorm viel Energie aufbringen müssen, um das angerichtete Durcheinander wieder zu beheben.

Das kann am ehesten als typisches »Alkoholikerverhalten« beschrieben werden. Menschen mögen dieses Verhalten von irgendwelchen Vorbildern übernommen haben, ohne weiter darüber nachzudenken. Zum Beispiel hat der Alkoholiker eine Idee wie: »Ich werde auf dem Weg nach Hause kurz anhalten und etwas trinken, nur ein Glas.« Ein einfaches Vorhaben – sämtliche Gedanken, die ihm im Wege stehen, werden wegrationalisiert. »Ich habe versprochen, pünktlich zu Hause zu sein.« – »Wenn ich nur ein Glas trinke, komme ich doch nicht zu spät.« Oder: »Ich habe versprochen, mit dem Trinken aufzuhören.« – »Ein Glas heißt doch nicht, dass ich mich betrinke.«

Es stimmt, dass er nicht zu spät kommt, wenn er ein Glas trinkt, noch heißt es innerhalb seines Bezugsrahmens, dass er »trinkt«, wenn er einfach mal ein Glas zu sich nimmt. Also kehrt er »mal eben für ein« Glas ein.

Von dem Zeitpunkt an, wo ihm die Idee, ein Glas zu trinken, in den Kopf kommt, verhält der Alkoholiker sich zwanghaft. Es gibt keine andere Wahl. Die Idee beschränkt sich auf das erste Glas.

Der Rest des Ablaufs ist klar. Nach dem ersten Glas steht der Alkoholiker völlig unter dem Zwang zu trinken und hat die Kontrolle verloren. Eine Weile rationalisiert er noch, und dann hat er sich soweit ins Trinken verloren, dass er das ursprüngliche Vorhaben völlig vergisst.

Die Idee, die das impulsive Verhalten auslöst, nimmt keinen Bezug auf früher oder später. Es geht um das »Hier und Jetzt«. Es wird nicht ernsthaft in Betracht gezogen, was letztes Mal passiert ist, und auch nicht, welche Folgen das Verhalten diesmal haben wird.

Da die Idee auf den Augenblick beschränkt ist – »Ich trinke mal eben kurz ein Glas« –, sind Gedanken wie: »Ich werde betrunken sein, zu spät kommen und dadurch Schwierigkeiten machen«, einfach nicht relevant. Die Tatsache, dass es zum Kontrollverlust kommen und sein Verhalten ihm aus der Hand gleiten wird, ignoriert er einfach. »Ich habe es im Griff, wie viel ich trinke«, hört man immer wieder sagen. Dass das Gegenteil offensichtlich ist, wird einfach ignoriert, wenn das Zwangsverhalten und der Kontrollverlust erst einmal anfangen, Oberhand zu gewinnen.

Impulsivität ist eine sehr kindliche Eigenschaft. Gewöhnlich sind Kinder impulsiv. Aber Sie waren als Kind eher wie Eltern, Ihr augenblickliches impulsives Verhalten ist also etwas, was Sie in Ihrer Kindheit nicht ausgelebt haben. Wenn Sie einen Entwicklungsschritt auslassen, holen Sie ihn oft zu einer späteren Zeit Ihres Lebens nach. Hat ein Kind Eltern, die sich auch wie Eltern verhalten, und es macht etwas Impulsives, sagen diese: »Das kannst du nicht machen. Schau mal, was passiert, wenn du das machst.«

Als Kind konnten Sie für kein Verhalten voraussagen, wie die Folgen aussehen würden, also können Sie das auch heute nicht. Außerdem gab es zu Hause keine Beständigkeit.

Resultat ist, dass Sie keinen Bezugsrahmen wie den folgenden entwickelt haben: »Wenn ich mich früher impulsiv verhalten habe, geschah dies und das, und die beteiligten Personen haben so und so reagiert.« Manchmal lief alles glatt und manchmal nicht. Im Grunde war das gar nicht wirklich wichtig. Auch sagte niemand zu Ihnen: »So sehen die möglichen Konsequenzen dieses Verhaltens aus. Lass uns mal darüber reden, ob du's nicht auch anders machen könntest.«

Die Situation wird noch verkompliziert durch ein schreckliches Gefühl von Dringlichkeit. Wenn Sie es nicht sofort machen, bekommen Sie keine zweite Chance mehr. Und Sie waren es gewohnt, am Rande eines Abgrunds zu leben, von einer Krise zur nächsten. Wenn die Dinge glatt laufen, ist das noch beunruhigender, als wenn Sie in der Krise stecken. Es überrascht also nicht, dass Sie vielleicht sogar selbst eine Krise herbeiführen.

Dieses impulsive Verhalten geschieht nicht freiwillig und ist nicht berechnend. Es ist ein Verhalten, über das Sie die Kontrolle verloren haben. Dieser Wesenszug alarmiert und ängstigt Sie am meisten, und Sie möchten ihn wirklich ändern.

Rosa drückt das folgendermaßen aus:

»Es ist nicht so, dass ich kein Mitgefühl für andere Menschen habe, denn wenn ich sehe, welche Auswirkungen mein Verhalten hat, kann ich gar nicht glauben, dass ich das getan haben soll. Wie hätte ich, mir liegt doch etwas an diesem Menschen? Ich flippe einfach völlig aus. Ich mache mir Gedanken um die Folgen, aber irgendwo zwischen Tun und Lassen ist meine Sicht total verengt.«

Helga: »Ich gehe niemals absichtlich los, um jemanden zu verletzen oder aufzuregen; ich schlage einfach diesen Weg ein und stürze mich dann direkt in solche Sachen rein.«

Michael: »Das ist wie ein Pflug. Ich meine, das machst du nicht einfach beiläufig. Ich gehe volle Kraft voraus.«

Helga: »Ich gehe vorwärts, rechts und links eine dicke Wand, und ich laufe einfach drauflos.«

Christa: »Meine Fähigkeit zu denken oder Worte aufzunehmen, verschwindet. Ich bin nicht in der Lage, Worte zu finden, die zusammen einen Satz ergeben. Das wird einfach eine Masse von Energie. Ich scheine einfach durchzugehen.«

Michael: »Ich ziehe mir damit negative Urteile zu, und das macht mir Sorgen.«

Christa: »Für mich gibt's dann nur den Augenblick.«

Helga: »Manchmal kommt mir das vor wie der einzige Weg, den ich einschlagen kann. Nicht wirklich ein Weg, aber das einzig mögliche Verhalten. Es gab Zeiten, wo ich wusste, dass es falsch war, was ich tat, und ich habe noch vier, fünf Monate später dafür draufgezahlt. Ich wusste sogar schon vorher, dass es falsch war, das zu tun.«

Christa: »Wenn mich das Gefühl erst einmal überrollt, muss ich mitgehen. Es hat eine Antriebskraft, gegen die ich machtlos bin. Ich wünsche mir dann, ein Kran würde mich packen und da rausziehen.«

Helga: »Ich muss nur erst mal den ersten Schritt machen. Das ist wie bergabwärts laufen. Du machst den ersten Schritt, und plötzlich läuft's von selbst.«

Christa: »Es kommt mir vor wie eine Verpflichtung, mich an meine Entscheidung zu halten, ganz gleich wie sie aussieht.«

Arno: »Das ist bei mir sehr stark. Nicht dass ich ansetze, jemanden zu verletzen, sondern der andere wird meistens im Verlauf meines Verhaltens verletzt. Fast immer tue ich jemandem weh. Selbst wenn mir das klar wird, mache ich weiter. Wie immer meine Tagesordnung aussieht, ich halte mich ganz rigide daran. Dahinter steht sehr viel Stoßkraft. Da ist viel Energie dabei, und die rast einfach immer weiter durch. Das ist die Scheuklappentour. Man kann mir Fakten sagen, die einen anderen Menschen veranlassen würden, langsamer zu machen oder die Dinge erst einmal abzuklären, aber wenn ich einmal in diesem Dreh drin bin, kläre ich selten etwas ab. Und wenn, höre ich kaum zu.«

Christa: »Das wird zwanghaft, und ich verliere scheinbar die Fähigkeit, in die Zukunft zu denken und mir anzuschauen, wie das wirklich wäre, und ob ich das wirklich tun will. In dem Augenblick, in dem ich negative Gefühle für jemanden empfinde, bin ich völlig außer Stande, das Gute an ihm zu spüren, zu berühren und zu kosten, obwohl ich weiß, dass das da ist. Ich kann es nicht spüren, also ist er mir als Mensch auch nichts wert.«

Helga: »Was ich im Augenblick empfinde, ist dann das Einzige, was zählt. Ich spüre nur das Gefühl, das mich zu der Zeit beherrscht. Es fällt mir so schwer, mich daran zu erinnern, dass ich auch etwas anderes fühlen kann als das, was ich in dem Augenblick fühle. Oder dass ich mir das morgen nochmal anschaue und etwas anderes empfinde.«

Das Resultat dieses Verhaltens ist, dass das Licht am anderen Ende des Tunnels meistens aus den Scheinwerfern eines entgegenkommenden Zuges besteht. Sie waren nicht im Stande, die Reaktionen auf Ihr Tun abzusehen und auch nicht die langfristigen Folgen. Dadurch bringen Sie sich in viele unangenehme Situationen.

Eine Klientin beschloss eines Nachmittags, ein Pferd zu kaufen. Sie brachte es mit nach Hause und führte es in die Garage. Es fiel ihr sehr schwer zu verstehen, warum ihr Mann sich so aufregte, weil es ihr in dem Augenblick eine gute Idee zu sein schien. Als ihr die Idee erst einmal gekommen war, war schon alles beschlossene Sache. Sie musste den Weg bis zu Ende gehen. Sie konnte sich nicht stoppen.

Sie stellen vielleicht fest, dass Sie eine Arbeit kündigen, ohne sich klarzumachen, dass Sie keine weiteren Einkünfte haben. Sie heiraten, ohne den anderen wirklich kennen gelernt zu haben. Ein Pferdekauf ist etwas ziemlich Ungewöhnliches. Das ist mir nur einmal begegnet, aber die anderen beiden Fälle kommen sehr häufig vor. Das endet damit, dass Sie sich wegen Ihres Verhaltens große Sorgen machen, aber bevor Sie anfangen können, es sich anzuschauen und zu verändern, müssen Sie sehr viel Zeit und Energie aufbringen, um sich aus dem Schlamassel herauszuziehen. Dieses Verhalten ist also auf mehreren Ebenen völlig sinnlos.

Zu diesen Schwierigkeiten trägt bei, dass erwachsene Kinder von Alkoholikern dazu neigen, sich nach sofortiger statt nach langfristiger Befriedigung umzuschauen.

Das Wort, das ich bei meinen Klienten am meisten benutze, ist »Geduld«. Was auch hochkommen mag, was Sie auch zu Ende bringen wollen, am liebsten hätten Sie es schon gestern erledigt. Es fällt Ihnen auch schwer, mit anderen geduldig zu sein. Aber der Mensch, mit dem Sie am wenigsten Geduld haben, sind Sie selbst. Sie wollen alles auf der Stelle.

Dadurch geraten Sie in sehr viele Schwierigkeiten, weil Ihr Mangel an Geduld Ihre sämtlichen Probleme noch verschärft. Vor allem werden dadurch Ihre Impulsivität und Ihre Selbstverurteilung gefördert.

Es ist nicht schwer zu verstehen, warum Sie alles sofort und auf der Stelle wollen. Dinge aufzuschieben bereitet Ihnen so große Schwierigkeiten, weil es das absolute Ende war, wenn Sie als Heranwachsende das, worum Sie baten, nicht sofort bekamen. Wenn Sie sagten »Ich möchte das jetzt« und Ihre Eltern erwiderten »Jetzt kannst du das nicht machen, aber gegen Ende der Woche« oder »Wir können später darüber sprechen«, dann wussten Sie, dass alles aus war. Das war das Einzige, was in Ihrem Leben beständig wiederkehrte.

Wenn Sie etwas nicht sofort taten, kam es einfach nicht dazu. Das erschwert es Ihnen sehr, für die Zukunft zu planen. Es ist für Sie ein großer Kampf zu sagen: »Das werde ich in zwei Jahren machen, und zwar auf die und die Weise.« Das, was Sie wollen, wollen Sie auf der Stelle, denn ein kleiner Teil von Ihnen weiß – auch wenn das wahrscheinlich heute nicht mehr stimmt –, dass es niemals dazu kommt, wenn Sie es nicht sofort bekommen, nicht jetzt da hinterher sind, es nicht jetzt festhalten, und zwar ganz fest.

Das Gefühl, »Das ist meine letzte Chance«, begleitet Sie ständig. Sie werden selbst dann ungeduldig mit sich, wenn Sie beschließen, an Ihrer Ungeduld zu arbeiten, und nicht auf der Stelle geduldig werden. Geduld ist etwas, wofür Sie sehr hart arbeiten müssen.

3

Den Kreis durchbrechen

1. Erwachsene Kinder von Alkoholikern haben keine klare Vorstellung davon, was normal ist.

Es ist wichtig für Sie zu erkennen, dass es so etwas wie »normal« gar nicht gibt. Das ist grundlegend für die Punkte, die im Folgenden besprochen werden. Es ist deswegen entscheidend, weil etwas, das auf falschen Prämissen aufbaut, sich logisch weiterentwickeln kann, ohne dass es Sie tatsächlich weiterbringt. Wenn die Basis nicht sicher steht, kann das ganze Gebäude bei der leichtesten Brise wie ein Kartenhaus zusammenfallen.

»Normal« ist ein ebensolcher Mythos wie Nikolaus und Osterhase. Es ist nicht realistisch, den Begriff »normal« zu verwenden, denn man hat Sie verleitet, daran zu glauben. Andere Begriffe wie »funktional« oder »dysfunktional« sind nützlicher. Was heißt funktional für Sie? Was funktioniert gut für Sie? Was ist für Sie am besten? Und am besten für Ihre Familie? Diese Herangehensweise ist realistisch und variiert von Mensch zu Mensch und von Familie zu Familie.

Die Aufgabe besteht dann nicht darin herauszufinden, was normal ist, sondern zu entdecken, womit Sie und alle, die Ihnen nahe stehen, sich wohl fühlen. Sie haben anderen den Mythos Normalität abgekauft und als Folge davon Phantasien über Ihr ideales Ich, ideale andere und eine ideale Familie entwickelt. Das hat Ihr Leben extrem erschwert. Das ideale Ich, an das Sie denken, ist das perfekte Kind, der perfekte Ehemann oder die perfekte Ehefrau, die perfekten Eltern. Weil diese Phantasien real nicht existieren, verurteilen Sie sich sehr häufig, wenn das Leben nicht so läuft, wie es nach Ihrer Meinung laufen sollte.

Die Antwort auf die Frage, was sich gut anfühlt, was nicht und warum, müssen Sie auch auf dem Hintergrund treffen, was in Ihrer Familie abläuft. Es ist jetzt an der Zeit, dass Ihre Familie lernt, wie Probleme gelöst und Konflikte behoben werden. Es gibt viele Möglichkeiten, das zu bewerkstelligen.

Die erste ist ziemlich einfach. Nehmen Sie ein Buch über Kindheitsentwicklung in die Hand, damit Sie erfahren, was in den verschiedenen Entwicklungsstufen erwartet werden kann. Weil Sie sich nicht so entwickelt haben wie die meisten Kinder, machen Sie sich vielleicht unnötige Sorgen um Ihre eigenen Kinder. Durch ein solches Buch werden Sie erfahren, was von den verschiedenen Lebensaltern zu erwarten ist. Dabei geht es nicht darum, Ihre Kinder entsprechend den einzelnen Entwicklungsstufen zu formen, sondern ein Gespür dafür zu bekommen, ob ihr Verhalten einschätzbar ist. Dieses Wissen wird Ihnen ein Gefühl von Sicherheit verleihen.

Zusätzlich dazu können Sie auch Kurse für Kindererziehung besuchen, um zu lernen, wie Sie die Beziehung zu Ihren Kindern angenehm gestalten können. Denken Sie daran, es wird nicht von Ihnen erwartet, dass Sie auf alles eine Antwort wissen. Mit Ihnen sind dort viele andere Menschen, denen ihre Kinder am Herzen liegen, und die wie Sie bessere Wege der Kommunikation mit ihren Kindern entwickeln möchten.

Barry und Aviva Mascari, die mit suchtmittelabhängigen Familien arbeiten, haben in Anlehnung an Adler eine Form des Familientreffens entwickelt. Einmal die Woche setzt die Familie sich zusammen und bespricht die Themen, die für alle wichtig sind, zum Beispiel wie viel Taschengeld es geben soll, wo die gemeinsamen Ferien verbracht werden, und wer für die Wäsche und den Müll verantwortlich ist. Das bedeutet nicht, dass Ihre Kinder die Leitung der Familie übernehmen, sondern lediglich, dass sämtliche Familienmitglieder an Entscheidungsprozessen beteiligt sind, so dass es keine großen Geheimnisse gibt. Alle werden einbezogen, niemand bleibt unbeachtet.

Sie haben, während Sie aufwuchsen, sehr oft erlebt, dass man Sie nicht beachtet hat. Sie hatten das Gefühl, das Leben wäre besser, wenn Sie nicht auf der Bildfläche erschienen wären, dass es nicht wichtig war, was Sie dachten und sagten. Als erster Schritt, diese Gefühle umzudrehen, wird das Familientreffen für Ihre Kinder eine Gelegenheit sein zu spüren, dass das, was sie einzubringen haben, wichtig ist. Das hat zur Folge, dass sie das Gefühl von Missachtung nicht verspüren werden, das Sie erfuhren.

Um herauszufinden, was für Sie gut ist, können Sie sich auch einen Menschen suchen, mit dem Sie über alles reden können. Es sollte zumindest einen Menschen in Ihrem Leben geben, bei dem Sie sich keine Sorgen darüber machen müssen, ob das, was Sie sagen, dumm klingt, dem Sie eingestehen können, dass Sie etwas nicht wissen, bei dem Sie noch nicht einmal die richtigen Fragen wissen müssen. Ein solcher Mensch ist ein wahrer Schatz. Ich empfehle, dass dieser Mensch nicht das erwachsene Kind eines Alkoholikers sein sollte, denn sonst hat er wahrscheinlich mit den gleichen Dingen zu kämpfen wie Sie.

Wichtig ist, dass Sie es riskieren zuzugeben, wenn Sie etwas nicht wissen. Wenn man in einer Gruppe von Menschen zugibt, dass man etwas nicht weiß, ruft das immer die Reaktion hervor: »Ich bin wirklich froh, dass Sie das gesagt haben. Ich wusste es nämlich auch nicht.« Aber es gibt in jeder Gruppe auch immer einen Menschen, der sagt: »*Das* wissen Sie nicht?« Sie können lernen, über diese Bemerkung zu lachen und sie völlig außer Acht zu lassen. Wenden Sie sich stattdessen lieber an die Menschen, die bereit sind zu lernen und zu forschen, und denen es nichts ausmacht, dass sie nicht ständig auf alles eine Antwort wissen.

Ich möchte Sie ermutigen, Ihren eigenen instinktiven Gefühlen zu vertrauen, die Ihnen die meiste Zeit sagen werden, welches Verhalten am angemessensten ist. Sie neigen dazu, sich zu schnell zurückzunehmen und zu glauben, dass Ihre Gefühle nichts wert sind. Wenn Sie anfangen, Ihren Gefühlen zu vertrauen, werden Sie bald erfahren, dass sie ein sehr wertvolles Werkzeug für die Entwicklung der gesunden Beziehungen sind, wie Sie sie sich wünschen.

Eine meiner Klientinnen erzählte mir, wie sich mehrere Menschen viel Mühe gemacht hatten, um ihren vierzigsten Geburtstag besonders schön zu gestalten. Ihre zwanzigjährige Tochter war an diesem Tag ganz abscheulich. Meine Klientin sagte: »Wissen Sie, am liebsten hätte ich es ihr vor all diesen Leuten gegeben, aber ich habe mich zurückgehalten.« Ich sagte: »Warum? Ich finde, das hat sie verdient.« Meine Klientin erwiderte: »Na, nächstes Mal. Erst einmal wollte ich mit Ihnen darüber sprechen.«

Dieser Vorfall zeigt, wie man mit einer schwierigen Situation umgehen kann. Wenn Ihnen etwas Unbehagen bereitet, finden Sie heraus, was es ist. Reden Sie darüber, und treffen Sie dann die Entscheidung, was zu tun ist. Situationsbedingte Probleme können oft ziemlich einfach und leicht gelöst werden. Bei denen, die mit der Vergangenheit zusammenhängen, ist das sehr viel komplizierter.

Sandra hat sehr damit zu kämpfen, die Vorstellung aufzugeben, sie müsse die perfekte Mutter sein, und ihre Kinder stellen sie ständig auf die Probe. Ihr jüngstes Kind fing an, Zeitungen auszutragen. Als die Frau, die ihm die Tour übergab und die zufällig großartig italienisch kochen konnte, zu ihm sagte: »Soll ich dir dafür etwas geben?«, antwortete ihr Sohn: »Wie wär's mit einem warmen Essen?«

Sandra gibt ihren Kindern gut zu essen, trotzdem regte sie sich furchtbar auf und war beunruhigt, weil ihre Nachbarin denken könnte, sie gäbe ihren Kindern nichts zu essen. Sie konnte den Witz dieser Situation nicht sehen und kam damit nicht klar. Ihr Sohn frühstückte auch einmal in einer anderen Familie Pfannkuchen, obwohl er bereits zu Hause ein gutes Frühstück gegessen hatte. Sandra musste sich anschauen, was bei ihr ein so extremes Unbehagen hervorrief. Es hatte mit ihrem Perfektionismus zu tun, damit, wie sie in der Nachbarschaft gern dastehen wollte.

Ein weiterer Teil der Geschichte war, dass sie das Gefühl hatte, ihr Sohn nutze die Nachbarn aus. Mit diesem Teil konnte sie umgehen und rief also die Nachbarin mit der Zeitungstour an. Die Nachbarin fand das alles sehr lustig und sagte: »Das ist vielleicht einer, ihr Kleiner. Ich schaue Menschen sehr gerne beim Essen zu. Menschen zu bekochen ist für mich das größte Vergnügen im Leben. Ich weiß, dass er direkt von Ihnen zu mir rüberkommt, aber wenn es Ihnen nichts ausmacht – ich tue das sehr gerne für ihn.«

Sandra war erleichtert, und sie unterhielten sich noch weiter. Sie gestand dieser Nachbarin, die auch eine Freundin war, ein, dass sie sich am meisten darüber Sorgen machte, diese könne denken, sie gäbe ihren Kindern nichts Anständiges zu essen. Ihre Nachbarin fing an zu lachen, weil sie, als sie dieses Gespräch führten, gerade mit hohem Fieber zu Bett lag und große Schuldgefühle hatte, weil sie ihre Seminare nicht besuchte. Sie war keine perfekte Studentin, Sandra war keine perfekte Mutter, und beide hatten sie Schuldgefühle. Durch dieses Gespräch über ihre Probleme fühlten sie sich besser, weil sie die Dinge etwas realistischer sehen konnten. Das war wichtig, denn perfekt zu sein ist kein realistisches Ziel, und der Versuch, perfekt zu sein, bewirkt sehr viel ängstliche Besorgnis. Man kann bestimmte Ziele anstreben, aber Perfektionismus als solcher ist weder lohnenswert noch wohltuend.

Ein Mensch, der ganz mit sich im Einklang ist, kann mit Konflikten verantwortungsbewusst umgehen. Das schließt ein, dass man weiß, wie man sich Konflikten stellt, sie handhabt und bewältigt. Sie haben beim Heranwachsen nicht gelernt, wie man Probleme löst. Probleme wurden vermieden und nicht gelöst. Als Erwachsener verhalten Sie sich auf diesem Gebiet immer noch auf eine Art und Weise, die nicht sehr nützlich ist.

Machen Sie einmal folgenden kleinen Test. Stellen Sie sich vor, einen Flur entlangzugehen. Vor Ihnen ist eine Tür. Sie haben den Flur halb durchquert, da kommt Ihnen durch die Tür jemand entgegen, auf den Sie sehr ärgerlich sind oder von dem Sie wissen, dass er auf Sie ärgerlich ist.

Wie verhalten Sie sich? Behaupten Sie Ihr Terrain, stellen sich vor diesen Menschen hin und sagen: »Gut, dass ich dich treffe. Wir müssen über etwas reden.« Oder drehen Sie sich um und gehen weg? Machen Sie eine oberflächliche Bemerkung, die mit dem, was Sie zusammen angehen müssten, nichts zu tun hat? Oder gehen Sie vorbei und tun, als wäre der andere Luft für Sie?

Wie verhalten Sie sich, wenn es zu einem Konflikt kommen könnte? Wie gehen Sie mit sich um? Was ist Ihre erste Reaktion? Um einen Konflikt zu bewältigen, müssen Sie Ihr Verhalten und das, was in Ihnen vorgeht, verstehen. Das ist der Ausgangspunkt. Wenn Sie das erst einmal wissen, können Sie beschließen, wie Sie das Problem angehen wollen, und lernen, sich der Realität zu stellen. Sich der Realität nicht stellen zu wollen ist der wesentlichste Punkt in der Alkoholiker-Familie. Es ist an der Zeit, sich mit der Realität zu konfrontieren und zu erkennen, dass es so etwas wie ›normal‹ nicht gibt. Es gibt nur die Realität, die Sie für sich festlegen, mit der Hilfe und dem Einsatz von Menschen, die an Ihrer Entwicklung Interesse haben und die bereit und bestrebt sind, dazu beizutragen – und dadurch auch ihre eigene Entwicklung fördern.

2. Erwachsenen Kindern von Alkoholikern fällt es schwer, ein Vorhaben von Anfang bis Ende durchzuführen.

Es ist an der Zeit für Sie herauszufinden, ob Sie wirklich der Zauderer sind, für den Sie sich halten, oder ob Ihnen einfach nur das Wissen fehlt, wie man eine Aufgabe zu Ende bringt. Wie führt man ein Vorhaben von Anfang bis Ende durch?

Wie geht das vor sich? Man muss ganz systematisch vorgehen. Menschen, die ein Vorhaben bis zum Ende durchführen, machen das nicht mal eben nebenbei. Sie haben das, was wir einen »Spielplan« nennen. Vielleicht haben sie ihn so weit ausgearbeitet, dass ihr Vorgehen wie selbstverständlich aussieht, aber das ist nicht der Fall. Es folgt einem systematischen Ablauf.

Zu Anfang müssen Sie diesen Ablauf ganz klar vor Augen haben, damit Sie ihn einhalten können und sich auf dem Weg nicht irgendwo festrennen und anfangen, sich zu verurteilen. Wenn Sie das Projekt entwerfen, müssen Sie sich als Erstes die Idee anschauen. Ist sie umsetzbar? Ist es möglich zu erreichen, was Sie erreichen möchten?

Dann müssen Sie einen schrittweisen Plan entwickeln, um Ihr Ziel zu erreichen. Für jeden Schritt müssen Sie eine Zeitgrenze festlegen. Wie lange werden die einzelnen Abschnitte Ihres Vorhabens dauern? Sie müssen das nicht ganz genau wissen, aber sämtliche Abschnitte müssen Ihnen in groben Zügen vor Augen stehen, und Sie müssen auch wissen, wie viel Zeit jeder Abschnitt von Ihnen verlangt.

Wenn Sie das erst einmal festgelegt haben, müssen Sie als Nächstes planen, wie Sie die Zeit einhalten können. Ist es realistisch, dass Sie dieses Vorhaben innerhalb der festgelegten Zeit durchführen können, wenn sämtliche Abschnitte so und so viel Zeit erfordern?

Wenn Sie Möglichkeiten entwickeln, wie Sie die erforderliche Zeit einhalten können, müssen Sie sich Ihren Arbeitsstil anschauen. Das geht am besten, wenn Sie sich Ihren Lernstil in Erinnerung rufen. Wie fiel Ihnen das Lernen in der Schule am leichtesten? Gehörten Sie zu den Schülern, die am besten arbeiteten, wenn Sie Tag für Tag ein kleines Pensum lernten oder am Abend zuvor lange paukten? Haben Sie am Abend vorher gepaukt, weil Sie so am besten lernen konnten oder weil es keine andere Möglichkeit gab? Auf welche Weise waren Sie mit dem, was Sie leisten konnten, am meisten zufrieden? Studieren Sie Ihren eigenen Lernstil.

Wenn diese Schritte sich nicht zusammenfügen und das Ziel nicht erreichbar ist, sollten Sie Ihre Idee noch einmal überdenken. Vielleicht war sie nicht realistisch. Wenn das zutrifft, sollten Sie bereit sein, sie zu revidieren. Vielleicht haben Sie mehr auf sich genommen, als Sie im Augenblick schaffen können. Oder vielleicht müssen Sie dieselbe Idee etwas anders angehen. Entwickeln Sie die Bereitschaft, die Idee oder den Zeitplan umzuändern. Vielleicht ist die Idee einfach gut, aber Sie haben nicht genug Zeit eingeplant, um sie umzusetzen. Seien Sie bei jedem Schritt bereit, ihn neu zu überdenken und einzuschätzen. Überprüfen Sie, ob im Ablauf Veränderungen auftreten können, die ihm eine andere Richtung geben. Sie müssen bei Ihrem Vorgehen nicht stecken bleiben, nur weil Sie nicht vorgeplant haben, wie Sie zum Ziel kommen können.

Lassen Sie mich Ihnen diesen Prozess anhand eines Beispiels verdeutlichen. Paul ist achtundvierzig Jahre alt und ein sehr erfolgreicher Geschäftsmann. In seinem Geschäft hat er häufig mit Situationen zu tun, in denen er unter großem Zeitdruck steht und zum Beispiel wichtige Berichte innerhalb von vierundzwanzig Stunden fertig stellen muss. Er besteht eine Krise nach der anderen, und er macht das ausgezeichnet. Als erwachsenes Kind eines Alkoholikers sind Krisen etwas, was er nur allzugut kennt. Er hat diesen Aspekt seiner Vergangenheit zu seinem Vorteil nutzen können.

Paul beschloss, seinen Doktor zu machen. Nachdem er die Zulassung erhalten hatte, suchte er mich in einem Zustand von Panik auf. »Ich kann das nicht«, sagte er. »Ich kann diese Dissertation einfach nicht schreiben.« Ich lächelte. Er fühlte sich völlig überfordert bei der Aussicht, dass dieses Vorhaben bis zu seinem Abschluss ein Jahr lang dauern sollte. Weil er für diese Art Vorhaben überhaupt keinen Vergleich hatte, verspürte er Angst. Er war aber intelligent genug, um zu sehen, dass er sich selbst im Wege stand und Hilfe brauchte, um das Problem zu lösen.

Als Erstes beschlossen wir, dass er seine Gespräche über dieses Thema einschränken sollte, denn er erhielt zu viele Anregungen für die verschiedensten methodischen Herangehensweisen. Das, zusammen mit der Tatsache, dass er keine eigene Vorgehensweise entwickelte, steigerte seine Besorgnis. Ich sagte einfach zu ihm: »Wenn ich Ihnen helfen soll, dann werde ich jetzt die Einzige sein, die Ihre Besorgnis noch vergrößert.«

Er hatte außerdem die Vorstellung, die beste Doktorarbeit aller Zeiten zu schreiben. Diese grandiose Idee musste er aufgeben und sich für ein Thema entscheiden, das machbar war. Er musste auch ein Komitee von Leuten benennen, die ihn kontinuierlich berieten und mit darauf hinarbeiteten, dass sein Vorhaben erfolgreich verlief. Sobald er das tat, begann seine Panik abzuflauen.

Der nächste Schritt bestand darin, festzulegen, wie lange es dauern würde, die Dissertation zu schreiben. Er war so in Panik, als hätte er sie schon gestern abliefern müssen. Die Arbeit würde ein Jahr lang dauern. Es würde Zeit brauchen, das Material zu sammeln, zusammenzustellen und einzuschätzen. Es würde auch Zeit brauchen, die Ergebnisse auszuwerten und den Text so zu schreiben, dass die Mitglieder seines Komites ihn akzeptieren konnten. Damit konnte er weder gestern noch gleich morgen fertig sein. Ein Jahr war die einzig realistische Einschätzung des Zeitraums, den das Projekt beanspruchen würde.

Nachdem er das erst einmal verstanden hatte, konnten wir uns seinen Lernstil näher anschauen. Wie fiel ihm das Lernen am leichtesten? So, wie er auch andere Dinge im Leben getan hatte? Es wurde deutlich, dass er nicht so vorgehen konnte wie bei anderen Dingen, nämlich auf die letzte Minute alles in sich hineinpauken. Außerdem wollte er sich von der Arbeit nicht ein oder zwei Monate frei nehmen, um ausschließlich an der Dissertation zu arbeiten. Es wurde beschlossen, dass er zwei Stunden täglich daran arbeiten würde.

Wir mussten uns auch näher ansehen, was das hieß. Sollte er täglich zwei Stunden schreiben? Oder zwei Stunden täglich an seinem Schreibtisch verbringen? Konnte er während dieser Zeit nachdenken? Wir beschlossen, dass er während dieser Stunden Dinge erledigen sollte, die sich auf die Dissertation bezogen. Die Zeit, die er mit Nachdenken verbrachte, würde später in die Zeit zum Schreiben übergehen. Er musste nicht so streng mit sich sein. Wir beschlossen auch, dass der beste Arbeitsplatz für ihn ein kleiner Schreibtisch zu Hause in einem Hinterzimmer war, in das er sich zurückziehen konnte. Die produktivsten Stunden des Tages waren die ersten beiden Morgenstunden. Also würde er diese Zeit nutzen, bevor die restliche Familie aufstand und das Telefon zu klingeln begann.

Diese Beschlüsse waren ganz grundlegend und simpel. Aber sie waren entscheidend dafür, die Aufgabe bewältigen zu können. Und wir kamen durch sehr sorgfältige Überlegungen dahin.

Paul hatte niemals zuvor die Erfahrung gemacht, etwas durchzuplanen. Es war das erste Mal, dass jemand sich mit ihm zusammensetzte und sagte: »Wie willst du das erreichen? Wie willst du das machen? Wie sieht dein Plan aus? Wie lange wird es dauern? Ist das machbar?«

Nachdem er zwei Wochen lang an der Dissertation gearbeitet hatte, sagte er, er könne nicht täglich zwei Stunden, sondern nur eine Stunde daran arbeiten. Das war für ihn sehr viel eher praktikabel, und er hatte das Gefühl, sein Pensum in weniger Zeit schaffen zu können. Das war völlig in Ordnung. Er entwarf einen Plan und konnte ihn revidieren, als sich herauskristallisierte, wie die Aufgabe leichter zu bewältigen war. Er befand sich nicht länger in einem Zustand von Panik, durch den seine Energie erschöpft wurde und er sich selbst im Wege stand. Es wird ihm jetzt nicht mehr so schwer fallen, ein Vorhaben von Anfang bis Ende durchzuführen.

Die Schritte, die hier ausgeführt wurden, können Sie auf alles anwenden, was Sie erreichen wollen. Die wunderbare Idee, die Sie haben, kann möglich sein oder auch nicht. Das ist keine Frage von Glück, sondern von sorgfältiger Planung. Wenn Sie erst einmal einige Erfahrung mit dem Planen gesammelt haben, werden Sie ganz selbstverständlich so vorgehen. Die Schwierigkeiten, die Sie im Augenblick haben, beruhen vielleicht gar nicht darauf, dass Sie die Tendenz haben, Dinge aufzuschieben, sondern bestehen, weil dieser Ablauf Ihnen einfach nicht vertraut war.

Ihre Kinder müssen nicht bis zum Erwachsenenalter warten, um dieses spezielle Problem zu lösen. Wenn die Lehrer Ihrer Kinder Ihnen immer wieder gesagt haben, dass diese ihr Potenzial nicht ganz ausschöpfen, dass sie das, was sie anfangen, nicht fertig machen, können Sie sagen: »Mein Kind muss lernen, wie das geht. Mein Kind bringt das, was es anfängt, nicht zu Ende, weil wir ihm das beibringen müssen, und nicht, weil es nicht interessiert und beteiligt ist.« Setzen Sie sich mit dem Lehrer zusammen, wenn er verständnisvoll ist, und sprechen Sie mit ihm darüber, wie Ihr Kind den Lernstil entwickeln kann, der es ihm ermöglicht, ein Projekt bis zum Ende durchzuführen. Ihre Kinder sind vielleicht deswegen in der Schule nicht so gut, wie Sie es sich wünschen, weil sie nicht die Erfahrung gemacht oder beobachtet haben, wie etwas angefangen und zu Ende gebracht wird. Es geht nicht darum, dass Sie sich selbst dafür verurteilen, was für schreckliche Eltern Sie sind. Das nimmt Ihnen nur die Energie, die Sie brauchen, um Ihrem Kind zu helfen und die Umgebung entsprechend zu gestalten – ein unbedingtes Muss, um etwas zu erreichen. Sie können dabei ohne oder auch mit Hilfe eines Lehrers vorgehen.

Richtlinien müssen sein. Sie müssen aber keine diktatorischen Regeln aufstellen, sondern können das Vorgehen mit Ihren Kindern zusammen erarbeiten, so dass es Teil ihres Lebensentwurfs wird. Das muss ihnen nicht unbedingt gefallen. Es ist an der Zeit, dass sie anfangen, Dinge systematisch anzugehen. Die Hausaufgaben sollten zum Beispiel täglich regelmäßig am selben Platz für eine bestimmte, vereinbarte Zeit gemacht werden. So können Sie anfangen.

Es ist wichtig, Ihre Kinder wissen zu lassen, dass sie nicht dumm sind, denn sie fangen sehr früh an, das zu glauben.

Diese Schwierigkeiten beruhen auf mangelnder Erfahrung, aber das wird sich ändern. In der Familie wird sich ein partnerschaftliches Verhalten entwickeln, in dessen Atmosphäre die Kinder lernen, wie sie etwas, das sie angefangen haben, auch zu Ende bringen können. An diesem Prozess werden alle beteiligt sein, so dass sie ihr Leben besser in die Hand nehmen können. Dadurch wird sich auch Ihre Beziehung zu Ihren Kindern verbessern und der Kreis für die nächste Generation durchbrochen werden.

3. Erwachsene Kinder von Alkoholikern lügen, wo es ebenso leicht wäre, die Wahrheit zu sagen.

Lügen ist eine Angewohnheit, die Sie sich nur schwer abgewöhnen können, weil es sich als Kind für Sie ausgezahlt hat, wenn Sie nicht die Wahrheit sagten. Dem Erwachsenen bringt das nicht länger Vorteile ein, aber die Angewohnheit bleibt bestehen. Nach meiner Beobachtung wird diese Gewohnheit hauptsächlich dann aufgegeben, wenn die unangenehmen Folgen einen solchen Umfang annehmen, dass das Leben nicht mehr zu bewältigen ist. Hier geht es darum, mit dem Lügen aufzuhören, bevor das passiert. Zuerst müssen wir unterscheiden zwischen der vorsätzlichen und der selbstverständlichen Lüge. Vielleicht bringt die berechnete Lüge Ihnen kleine Vorteile. Es ist nicht meine Aufgabe zu verurteilen, sondern Ihnen klarzumachen, dass Sie die Wahl haben: zu lügen oder nicht zu lügen. Wir wollen den Ablauf durchbrechen, dass Sie ganz selbstverständlich lügen und keine Kontrolle darüber haben.

Der erste Schritt, sich eine schlechte Angewohnheit abzugewöhnen, besteht immer darin, sich ihrer bewusst zu werden. Wenn Sie bislang wie selbstverständlich gelogen haben, ist Ihnen nicht unbedingt klar, was Sie getan haben. Versprechen Sie sich, einmal einen ganzen Tag lang nicht zu lügen, und schauen Sie, was passiert. Kann sein, dass Sie das können, kann aber auch sein, dass es Ihnen nicht gelingt.

Wenn es Ihnen gelingt, gut. Ist es Ihnen leicht oder schwer gefallen? Wenn nicht, dann schreiben Sie auf, was passiert ist – bei welchem Thema Sie gelogen haben, und was Ihnen unmittelbar, bevor Sie logen, durch den Kopf gegangen ist.

Schätzen Sie am Ende des Tages ein, was geschehen ist, ohne sich zu verurteilen. Sie haben getan, was Sie tun konnten und erreicht, was Sie erreichen konnten. Es fiel Ihnen leicht oder schwer. Vielleicht konnten Sie es einen Teil des Tages, aber nicht den ganzen Tag lang, vielleicht gelang es Ihnen in bestimmten Situationen, in anderen wiederum nicht. Vielleicht fiel es Ihnen leicht, wenn Sie entspannt waren, nicht aber, wenn Sie unter Stress standen.

Setzen Sie sich einfach hin und schauen Sie es sich an. Statt sich zu verurteilen, lernen Sie sich einfach besser kennen, indem Sie sich Ihr Verhalten bewusst machen.

Beginnen Sie den nächsten Tag mit dem gleichen Vorsatz. Wiederholen Sie dieses Vorgehen drei, vier Tage lang. Schauen Sie sich am Ende dieser Zeitspanne an, welche Fortschritte Sie gemacht haben. Wenn Sie immer noch wie selbstverständlich lügen, sollten Sie sich versprechen, Ihre nächste Lüge zuzugeben und jede falsche Äußerung, die Sie gemacht haben, zu korrigieren.

Das ist ein sehr tiefgreifendes Versprechen. Es bedeutet, dass Sie sich sagen: »Auch wenn diese Angewohnheit tief sitzt – es ist wichtig für mich, dass ich sie mir abgewöhne.« Wenn Sie dazu nicht im Stande sind, seien Sie zumindest so realistisch, die Tatsache zuzugeben, dass Sie – aus welchen Gründen auch immer – nicht bereit sind, sich zu verändern.

Wenn Sie das selbstverständliche Lügen nicht abbauen können, indem Sie es sich bewusster machen und Ihr Versprechen, nicht zu lügen, einhalten, ist es vielleicht mehr als nur eine schlechte Angewohnheit. Vielleicht müssen Sie es dann auf einer tieferen Ebene bearbeiten. Es kann eine Überlebenstaktik sein, die gar nicht mehr aktuell ist. Vielleicht müssen Sie sich aufgrund Ihrer Vergangenheit und der Ängste, die Sie als Kind entwickelt haben, nach Hilfe umsehen, um Ihr Verhalten ändern zu können.

Einige Dinge können schnell und leicht überwunden werden. Andere wiederum erfordern für ihre Bewältigung mehr Arbeit und Hilfe von anderen. Das soll nicht heißen, dass mit Ihnen etwas nicht stimmt. Vielleicht ist es für Sie einfach schwieriger, als Sie es sich vorgestellt haben.

Wenn ich mit jemandem arbeite, dessen Problem das Lügen ist, sage ich: »Ich glaube, Sie glauben, was Sie gerade gesagt haben.« Dann können wir uns das näher anschauen und herausfinden, was das heißt und wo die Wahrheit in Wirklichkeit eine Lüge ist.

Viele erwachsene Kinder von Alkoholikern gehen ins andere Extrem. Weil es so viel Lüge gibt, beschließen sie, niemals zu lügen. Diese Art, mit den Schwierigkeiten des Heranwachsens umzugehen, ist nicht so verbreitet. Darin zeigt sich eine Verleugnung familiärer Verhaltensmuster.

Wenn Sie an den Programmen der Anonymen Alkoholiker oder von Alateen teilnehmen, können Sie deren Vorgehensweisen einsetzen, um mit dieser Gewohnheit zu brechen. Sie können so vorgehen wie beim Alkohol. Sie verpflichten sich, mit dem Trinken aufzuhören, und hören Tag für Tag von neuem damit auf. Sie glauben jeden Tag wieder von neuem an sich. Wenn Sie Tag für Tag vorgehen, können Sie jede schlechte Angewohnheit ändern.

4. Erwachsene Kinder von Alkoholikern verurteilen sich gnadenlos.

Tim, Kind zweier Alkoholiker, schrieb mir über sich und seine Gefühle. Seine wichtigste Entdeckung drückte er ganz einfach aus: »Obwohl ich vielleicht Fehler mache, ist an mir nichts verkehrt.« Diese Worte zeigen, dass er eine gewisse Freiheit für sich erreicht hatte. Er hatte angefangen, sich selbst ehrlich zu betrachten, ohne sich zu verurteilen. Wenn man sein Verhalten losgelöst von der eigenen Person betrachten kann, ist man frei, sich zu verändern, zu entwickeln und zu wachsen.

Obwohl man Ihnen seit Ihrer Kindheit ständig vorgehalten hat, welchen Ansprüchen Sie nicht genügen, ist es wichtig für Sie zu erkennen, dass jede Aussage eine positive und eine negative Seite hat. Wenn Sie zum Beispiel intelligent sind, ist das wunderbar, weil Sie Dinge verstehen können, die weniger intelligente Menschen nicht verstehen. Ja, diese Dinge sind oft auch verwirrend. Wenn Sie aber tief genug nachspüren, ist die Freude größer als der Schmerz. Wer soll beurteilen, was gut ist und was schlecht? Es geht einfach darum, diese Dinge zu erforschen, sich von ihnen faszinieren zu lassen und sie sich genau anzuschauen.

Vielleicht sind Sie davon überzeugt, dass Ihr Leben einer griechischen Tragödie gleicht. Ich habe eine Klientin, die so denkt, obwohl es offensichtlich ist, dass ihre Probleme durch nichts anderes als ihre eigene Haltung bewirkt werden. Das Leben muss nicht als Elend in verschiedenen Abstufungen wahrgenommen werden. Falls Sie es so betrachten, möchten Sie vielleicht einmal erforschen, was Ihnen diese Sichtweise einbringt. Was gewinnen Sie dadurch, dass Sie sich verurteilen? Warum berücksichtigen Sie niemals die guten Seiten des Lebens? Warum konzentrieren Sie sich niemals auf die Eigenschaften, durch die Sie sich als wunderbarer und einzigartiger Mensch erweisen? Was steht hinter Ihrem Bedürfnis, sich herunterzumachen? Die Antwort ist wahrscheinlich einfach. Das Elend ist Ihnen vertraut, und Sie haben gelernt, mit Kummer umzugehen. Wenn das Leben wirklich gut läuft, ist Ihnen das fremd, und Sie kommen damit nicht klar. Es ist nichts Ungewöhnliches, dass Klienten in ihrem geringen Selbstbild einen gewissen Trost finden.

Wenn die Dinge sich zum Besseren wenden, wenn das Leben besser aussieht und sich besser anfühlt, wird es unkontrollierbar. Es ist nicht unüblich, dass diese positive Entwicklung sabotiert wird. Selbst wenn davor gewarnt wird, gewinnt das Bedürfnis nach dem Altvertrauten oft die Oberhand. Schließlich sind die frühesten Einflüsse, denen Sie ausgesetzt waren, auch die mächtigsten.

Durch die folgende Übung, die ich mit meinen Studenten mache, wird deutlich, dass Urteile, ob gut oder schlecht, von der Person abhängen, die sie vertritt. Die Gruppe sitzt im Kreis. Es wird beschlossen, in der Mitte des Kreises ein Monster zu bauen, eine Gelegenheit für uns, uns von sämtlichen Eigenschaften, die wir nicht länger haben wollen, ganz oder teilweise zu befreien. Wenn sich jemand anderes die Eigenschaften wünscht, die ein Gruppenmitglied gerade abgelegt hat, kann er sie sich nehmen. Wir gehen bei diesem faszinierenden Spiel vor und zurück. Ein Mann beschließt, 90% seines Zauderns aufgeben zu wollen, und kaum liegt sein Zaudern in der Mitte des Kreises, als jemand anderes schon sagt: »Ich nehme mir 75% davon, denn ich bin viel zu zwanghaft.«

Ein anderer sagte: »Ich möchte alle meine Schuldgefühle aufgeben«, und jemand erwidert: »Ein bisschen davon muss ich übernehmen. Ich will mir nämlich nie anschauen, wie ich verantwortlich bin für die Wirkung, die mein Verhalten auf andere hat.« Im Laufe des Spiels sehen die Beteiligten oft überrascht aus. Wenn einer sagt: »Ich bin es leid, so empfindsam zu sein. Ich gebe 60% meiner Empfindsamkeit ab«, sagt ein anderer: »Ich war lange genug unempfindlich. Ich glaube, ich brauche etwas von deiner Empfindsamkeit.«

Diese Übung zeigt ganz deutlich, dass wir uns unsere Wesenszüge anschauen und sie erforschen müssen. In welchem Maße sind sie für uns nützlich? Inwieweit stehen sie uns im Weg? Mit Sicherheit haben wir nichts davon, wenn wir sie und uns verurteilen. Wer kann schon sagen, was gut und was schlecht ist? Wenn Sie innehalten und beschließen, dass Sie der Mensch sind, der Sie sind, und dass das in Ordnung ist, stehen Ihnen im Leben sehr viel mehr Möglichkeiten offen.

Das Monster ist am Ende meistens eine Kreuzung – eine verworrene Kreuzung. Und das einzige, was so ziemlich alle Leute übereinstimmend in die Mitte werfen wollen, ist Übergewicht und schikanierende Schwiegermütter.

Ein weiterer Aspekt Ihrer Selbstverurteilung, der bearbeitet werden muss, betrifft das Annehmen von Komplimenten. Wie gut können Sie Komplimente akzeptieren? Tun Sie sie automatisch ab? Wenn etwas schief geht, nehmen Sie meiner Erfahrung nach die ganze Verantwortung dafür auf sich. Wenn aber etwas gut läuft, gehen Sie darüber hinweg mit Worten wie: »Das ist einfach so passiert« oder: »Das war doch leicht.« Vielleicht nennen Sie das Bescheidenheit, aber es trägt dazu bei, Ihr negatives Selbstbild fortbestehen zu lassen. Es hindert Sie daran, die Dinge, die Sie gut machen, als Ihr Verdienst zu betrachten, damit Sie anfangen können, sich besser mit sich zu fühlen.

Vielleicht möchten Sie anderen gegenüber bescheiden klingen, aber Sie sollten auf jeden Fall annehmen, was Ihnen zusteht. Wenn Ihnen etwas leicht fällt, heißt das nicht, dass es unwichtig ist, ebenso wie auch ein Fehler aus Nachlässigkeit nicht weniger bedeutend ist, nur weil *Sie* ihn begangen haben.

Versuchen Sie, bewusst wahrzunehmen, was Sie gut machen. Tun Sie es nicht ab. Bauen Sie darauf auf, um ein ganzer Mensch zu werden. Sie müssen diese Dinge nicht beurteilen, denn sie sind einfach Teil des vollständigen menschlichen Wesens, das Sie sind.

5. Erwachsenen Kindern von Alkoholikern fällt es schwer, Spaß zu haben.

Es ist das Kind in uns, das Spaß hat – das weiß, wie man spielt. Weil das Kind in Ihnen sehr lange Zeit unterdrückt wurde, muss es neu entdeckt werden und sich entwickeln. Sie müssen das Kind sein, das Sie niemals waren.

Ein Freund stellte uns einmal die etwas frivole Idee vor, Mietkinder leihen zu können. Er sagte, es gäbe gewisse Dinge, die Erwachsene gerne tun und die viel mehr Spaß machen, wenn ein Kind mit dabei ist. Fischen gehört dazu, und er wollte ein kleines, rothaariges, sommersprossiges Kind adoptieren, dass ihn dabei begleitete. Auch auf dem Rummel wollte er gern ein Kind bei sich haben, damit er sich nicht lächerlich machte, wenn er Riesenrad fuhr.

Dieser Mann schaukelte auch gern auf dem Spielplatz. Sie wissen ja, was die Leute sagen, wenn sie einen Erwachsenen auf der Schaukel oder im Sandkasten sehen. Aber wenn Sie ein Kind dabei haben, ist Ihnen die Sympathie der anderen sicher, weil Sie so ein guter Vater oder so eine gute Mutter sind oder als Erwachsene Kindern wirklich Interesse entgegenbringen. Kinder wissen, was Spaß macht.

Wenn Sie das also lernen wollen, dann verbringen Sie am besten einige Zeit mit einem Kind, das weiß, wie man sich vergnügt. Machen Sie all diese kindischen Sachen, die Sie sich nie getraut haben. Welche Phantasien hatten Sie in Ihrer Kindheit? Welches Spiel, das Sie nie gespielt haben, möchten Sie einmal machen? Jetzt ist es an der Zeit, mit dem Spielen anzufangen.

Je selbstbewusster Sie sind, desto weniger Angst werden Sie haben, sich lächerlich zu machen. Vielleicht müssen Sie auch lernen, sich zu entspannen und nichts zu tun. Nehmen Sie sich einfach Zeit für sich, ohne jeden Augenblick produktiv zu verplanen. Der Witz ist, dass Sie diese Zeit wahrscheinlich planen müssen. Bauen Sie diese Zeit in Ihren Tagesablauf ein, damit Sie sie nicht damit verbringen, über all die herrlich dummen Dinge nachzudenken, die Sie gern machen wollten und zu denen Sie bislang nie gekommen sind. Ich kann mich sehr gut amüsieren, aber ich kann schlecht den Anfang machen. Weil mir nicht einfällt, was Spaß machen könnte, verbringe ich Zeit mit Menschen, die das können. Es ist kein Wunder, dass diese Menschen keine erwachsenen Kinder von Alkoholiker-Eltern sind.

Ich muss jedoch bekennen, dass ein Teil des Spaßes darin besteht, Menschen wie Sie zum Spielen mitzubringen. Wenn Sie sich gehen lassen und ganz verblüfft sind, wie gut es Ihnen geht, hat der Rest von uns noch mehr Spaß. Das »Aha!« dieser ersten Erfahrung ist etwas sehr Kostbares, an dem Sie andere Menschen teilhaben lassen können.

6. Erwachsene Kinder von Alkoholikern nehmen sich sehr ernst.

Neben der mangelnden Erfahrung ist ein weiterer Grund für Ihre Schwierigkeiten, Spaß zu haben, dass Sie sich zu ernst nehmen. Um das zu überwinden, müssen Sie sich als Person losgelöst von dem betrachten können, was Sie tun. Sie müssen sich losgelöst von Ihren Verantwortlichkeiten wie Ihrer Arbeit sehen können. Sie müssen nicht sein, was Sie tun. Der Schlüssel liegt darin, zwar Ihre Arbeit ernst zu nehmen, weil Sie ganz wesentlich und wichtig ist, aber nicht sich selbst. Die Arbeit ist nicht alles, was Sie ausmacht.

Ein guter Anfang, sich selbst und Ihre Aktivitäten getrennt zu betrachten, ist ein Zeitplan. Wenn Ihre Arbeitszeit von neun bis siebzehn Uhr ist, dann sollten Sie um siebzehn Uhr auch gehen. Wenn Sie noch bis halb acht bleiben, werden Sie nicht produktiver; auf lange Sicht gesehen wird das Ihre Leistungen eher beeinträchtigen. Außerdem können Überstunden auch ein Vorwand sein, um sich dem Leben zu entziehen.

Eine Klientin, die freiwillig Dienst im Krankenhaus tat, setzte sich dort sehr für die Todkranken ein. Sie war außerdem Laienpriesterin und gab den bettlägerigen Patienten das Abendmahl. Sie verbrachte viel Zeit im Dienst und nahm sich der Menschen um sie herum sehr an. Als sie mich aufsuchte, war sie auf dem besten Wege zusammenzubrechen.

Sie wollte ihre Arbeit nicht aufgeben, weil sie sie für wichtig und produktiv hielt. Sie hatte außerdem das Gefühl, dass die Arbeit Teil von ihr war. Ich stimmte ihr tendenziell zu, wir mussten also einen Weg finden, die Arbeit so einzuteilen, dass sie auch noch Zeit für sich hatte.

Sie wusste bereits, was sie mit der Zeit für sich anfangen wollte. Sie war eine begabte Musikerin, ging gern ins Theater, war sehr sportlich und hatte viele Freunde. Sie hatte sich schon genau ausgedacht, wie sie ihre freie Zeit verbringen wollte, aber irgendwie war das bislang alles nur Gerede geblieben.

Wir entwarfen einen sehr flexiblen Zeitplan. Sie beschloss, zwei Tage in der Woche Folgendes zu tun: vormittags zu arbeiten und nachmittags zu spielen. Auf diese Weise konnte sie ihre Arbeit ernst nehmen und trotzdem noch Zeit für sich haben. Sie konnte jetzt all das tun, was sie schon immer hatte tun wollen.

Sie müssen gewissenhaft planen, damit Sie anfangen können, sich losgelöst von Ihren Aktivitäten zu betrachten. Das wird nicht von selbst geschehen. Es funktioniert offensichtlich nicht, wenn Sie sagen: »Ich werde weniger Stunden arbeiten, und dann werde ich eine andere sein.« Man muss präziser vorgehen.

Um ein ausgefülltes Leben zu führen, müssen Sie neben der Arbeit auch über andere Dinge nachdenken und andere Dinge tun. Sonst werden Sie engstirnig und beschränkt, und dadurch fällt es Ihnen sehr viel schwerer zu spielen. Es macht Sie auch als Mensch uninteressanter. Was tun Sie für sich? Oder, genauer, was haben Sie heute für sich getan?

7. Erwachsene Kinder von Alkoholikern haben Schwierigkeiten mit intimen Beziehungen.

Dieser Punkt hat viele Aspekte. Der erste ist, dass erwachsene Kinder von Alkoholikern einfach nicht wissen, wie man eine gesunde intime Beziehung führt. Ihre Angst vor Intimität, davor, jemanden an sich heranzulassen, steht Ihnen im Weg. Zum Teil ist diese Angst Angst vor dem Unbekannten. Was ist das? Was gehört dazu? Intimität beinhaltet Nähe. Wie kommt man sich näher? Was gehört zu einer gesunden Beziehung?

Denken Sie immer daran, dass eine gesunde Beziehung sich nicht über Nacht entwickelt. Eine gesunde Beziehung hat viele Elemente, die alle von beiden Beteiligten eingebracht werden müssen. Wenn Sie eine Beziehung zu einem anderen Menschen eingehen, ist es wichtig, dass Sie Ihrem Partner das bieten, was Sie von ihm bekommen möchten.

Das Maß an Intimität wird bestimmt durch das, was beide einbringen, was jeder der Partner zu geben bereit ist. Tatsächlich ist eine Partnerschaft ein Vertrag, der am besten eingehalten werden kann, wenn er verstanden und offen dargelegt wird. Viele Verträge sind unausgesprochen, aber Sie müssen einen Weg finden, sie sich deutlich zu machen.

Mehrere Dinge sind für eine gesunde Beziehung wesentlich, ganz gleich, ob es um einen Geliebten, Eltern, Kinder, Freundinnen und Freunde, Ehegefährten oder selbst Angestellte und Kollegen geht.

Die Form oder die Bedeutung der Beziehung kann jedoch ihrem Wesen nach verschieden sein. Mit dieser Liste wird nicht versucht, eine Rangfolge oder die Bedeutung der aufgeführten Eigenschaften festzulegen. Wichtig ist, dass sämtliche Eigenschaften vorhanden sind und zwar auf beiden Seiten. Wenn irgendeine fehlt, kann man mit diesem Menschen keine gesunde Beziehung aufrechterhalten.

Und wieder sollten Sie im Gedächtnis behalten, dass Intimität davon abhängig ist, in welchem Maße die Partner bereit sind, an diesen Eigenschaften zu arbeiten. Das ist in manchen Beziehungen wichtiger und angemessener als in anderen.

Beim Lesen der folgenden Liste können Sie bei jedem Aspekt Ihre Beziehungen zu anderen Menschen vor Augen haben und sie daraufhin untersuchen. Sind sämtliche Aspekte vorhanden? Das wird Ihnen zeigen, warum einige Ihrer Beziehungen gut laufen und andere nicht. Wenn irgendeine dieser Eigenschaften fehlt, scheint auch der Beziehung etwas zu fehlen.

Verletzlichkeit: In welchem Maße bin ich bereit, meinen Schutzzaun fallen zu lassen? In welchem Maße bin ich bereit zuzulassen, dass der andere mich gefühlsmäßig berührt?

Verständnis: Verstehe ich den anderen? Verstehe ich, was er/sie damit meint, was er/sie sagt oder tut?

Mitgefühl: Wieweit kann ich zulassen zu fühlen, was sie oder er fühlt?

Anteilnahme: Kann ich wirklich anteilnehmen an den Dingen, über die der andere sich Sorgen macht?

Respekt: Behandle ich den anderen als wertvollen Menschen?

Vertrauen: In welchem Maße und in welchen Bereichen bin ich bereit, dem anderen Zugang zu Dingen zu gewähren, die ich nicht jedem Menschen zeigen möchte?

Akzeptanz: Bin ich in Ordnung, wie ich bin? Gilt das auch für meinen Partner?

Ehrlichkeit: Beruht die Beziehung auf der Wahrheit, oder laufen Spiele ab?

Kommunikation: Können wir offen über die Themen sprechen, die in der Beziehung wichtig sind? Wissen wir, wie wir uns verständlich machen können, damit die Beziehung sich aufgrund unseres Mitteilens weiterentwickeln kann?

Gemeinsame Interessen: Inwieweit stimmen unsere Vorlieben und Abneigungen überein? Welche Wichtigkeit hat es, wenn bestimmte Einstellungen und Überzeugungen differieren?

Persönliche Integrität: In welchem Maße bin ich im Stande, ich selbst zu bleiben und zugleich für den anderen da zu sein?

Rücksichtnahme: Berücksichtige ich die Bedürfnisse des anderen ebenso wie meine eigenen?

Diese Eigenschaften haben sich als wesentlich für eine gesunde Beziehung erwiesen. Das sind die Elemente, aus denen sie sich zusammensetzt.

Das unbedingte Muss für eine gesunde Beziehung und *die* Voraussetzung, auf der alles andere aufbaut, lautet: »Werde ich vom anderen realistisch gesehen, und sieht er mich realistisch? Bin ich im Stande, in ihm den Menschen zu sehen, der er ist? Kann er mich als den Menschen sehen, der ich bin?«

Wenn Sie nicht realistisch sind, sind die aufgeführten Eigenschaften bedeutungslos. Sie sind dann weder wichtig noch gültig. Die Fähigkeit, den Partner realistisch zu sehen und von ihm realistisch gesehen zu werden, ist ausschlaggebend für die Gesundheit von Partnerschaften, ganz gleich welchen Wesens. Sie ist vielleicht entscheidender als Ihre Vergangenheit, weil Sie ohne diese realistische Einschätzung Reaktionsweisen zeigen, die der Entwicklung einer guten Beziehung zuwiderlaufen.

Wenn Sie realistisch sind, können Sie und Ihr Partner über Probleme sprechen und von ihnen lernen, was Sie einander näher bringen kann. Wenn die Beziehung auf Phantasien beruht, kann sie wahrscheinlich nicht aufrechterhalten werden.

Erwachsene Kinder von Alkoholikern haben zum Beispiel Angst, verlassen zu werden. Wenn ein Problem auftaucht, geraten sie in Panik, so dass das Problem kaum einmal besprochen wird. Wenn Sie mit jemandem zusammen sind, der Raum braucht, und Sie geraten in Panik, hat das extrem zerstörerische Auswirkungen. Versuchen Sie, Ihrem Partner zu sagen: »Ich habe Probleme mit dieser Panik, die auftritt, wenn wir Konflikte haben. Es fällt mir schwer, mir das aktuelle Problem dann überhaupt nur anzuschauen. Ich weiß, dass du anders reagierst, aber versprich mir, mir auch dann zu versichern, dass du mich liebst, wenn du dich über mein Verhalten ärgerst. Auf diese Weise gelingt es uns vielleicht, wieder auf das Problem zurückzukommen.«

In einer gesunden Beziehung werden diese Reaktionen besprochen. Sie sollten vorab besprochen werden, damit sie, wenn sie eintreten, richtig erkannt und eingeschätzt werden können. Allein das Gespräch darüber wird Ihnen etwas von der Angst vor dem Verlassenwerden nehmen. Sie können dann sagen: »Also, was war jetzt noch mal das Problem, das wir hatten, bevor ich in Panik geraten bin?«

Viele der Probleme, die in jeder zwischenmenschlichen Beziehung auftauchen, haben mit der Beziehung zur eigenen Person zu tun. Sie treten oft im Gewand von Beziehungsproblemen auf und können für diese auch Schwierigkeiten mit sich bringen oder sie sogar zerstören. Ich möchte Ihnen dazu einige Beispiele geben.

Ruth ist das erwachsene Kind zweier Alkoholiker. Sie ist dabei, eine zehnjährige schlechte Ehe zu beenden und hat eine sehr liebevolle Beziehung mit einem jungen Mann. Diese Beziehung ist die gesündeste, die sie jemals gekannt hat. Eines der Probleme, das sie hat, ist, dass er sie gern berühren möchte. Er möchte sie halten und seine körperliche Zuneigung zeigen, und sie stellt fest, dass sie sich dabei von ihm zurückzieht. Außer zu gewissen Zeiten sind die Berührungen ihr beinah widerlich. Ihre Reaktion ist offensichtlich eine Überreaktion, denn er scheint kein zudringlicher Mensch zu sein. Er war bereit, ihr all den Raum sowie auch die Zeit für sich zu lassen, die sie brauchte.

Er drängte sich ihr mit seinen Anforderungen nicht auf, war aber darauf angewiesen, seinen Gefühlen für sie durch Berühren und Berührtwerden Ausdruck zu verleihen. Er war in einer Familie aufgewachsen, wo man sich seine Zuneigung körperlich zeigte. Ihre negativen Reaktionen führten zu großen Problemen in der Beziehung.

Weil sie offensichtlich überreagierte, mussten wir uns ihre Vergangenheit anschauen, um herauszufinden, warum sie sich so verhielt.

Die Antwort kam ziemlich unerwartet, als Ruths Mutter zu Besuch war. Sie traf gegen Mittag ein, fing an zu trinken und trank den ganzen Nachmittag lang. Während sie immer betrunkener wurde, überhäufte sie ihre Tochter zunehmend mit Forderungen. »Bitte, berühre mich! Bitte, halte mich! Ich brauche es, dass du mich einfach nur hältst.« Ruth sagte: »Ich tat, worum meine Mutter mich bat, aber mir drehte sich der Magen um. Von frühester Kindheit an war sie so mit mir umgesprungen.«

Als sie mir das erzählte, wurde ganz deutlich, woher ihre Aversion stammte. Das war nun kein großes, dunkles Geheimnis, und sie konnte anfangen, sie zu überwinden. Sie berichtete Ivan, was geschehen war. Er musste von ihr wissen, dass ihre Reaktion nichts mit ihm zu tun hatte; sie war eine Folge dessen, dass Ruth Kind einer Alkoholikerin war. Das beruhigte die Situation etwas, und wir konnten jetzt anfangen, an einer Veränderung ihrer Reaktionen auf Ivan zu arbeiten. Wären sie nicht im Stande gewesen, darüber zu sprechen und hätten nicht die Eigenschaften aufgewiesen, die eine gesunde Beziehung ausmachen – vor allem die Fähigkeit, sich gegenseitig realistisch zu sehen –, wäre ihre Beziehung vielleicht an diesem Problem gescheitert.

Auch Doris arbeitet an einer neuen Beziehung, und sie ist entschlossen, dass diese für sie und für ihren Partner gut und gesund verlaufen soll. Dies war ihr wichtigster Punkt, als Doris, die Krankenschwester ist, mit der Therapie anfing. Als Kind zweier Alkoholiker hatte sie nie zuvor eine gesunde Beziehung gesehen oder gehabt. Und sie hatte das Gefühl, dass es auch niemals dazu kommen würde, wenn sie sich dabei nur auf sich selbst verließ. Ihr Freund, ein Arzt, scheint ein rücksichtsvoller, zuvorkommender Mensch zu sein, der bereit ist, am Aufbau einer guten Beziehung zu arbeiten, und der sein Leben mit ihr teilen möchte.

Eines Abends sagte sie: »Das wär's. Aus und vorbei. Ich bin fertig mit ihm. Ich will ihn nie wieder sehen. Ich dachte, es würde uns vielleicht gelingen, aber jetzt weiß ich, dass es einfach nicht gut läuft.«

»Was ist passiert?«, fragte ich.

»Letzten Mittwochabend«, antwortete sie, »sprachen wir darüber, essen zu gehen, und ich beschloss, nicht zu gehen, weil ich wirklich mal sauber machen musste. Wenn ich mir erst einmal etwas in den Kopf gesetzt habe, ist nichts mehr drin. Ich wusste, dass ich, wenn ich essen ginge, ständig ans Saubermachen denken würde und nicht viel Spaß hätte. Ich sagte also: › Wir sehen uns morgen, ich bleibe zu Hause und mache sauber.‹ Dann, eine Stunde später, stand er mit einer Flasche Wein und chinesischem Essen vor der Tür. Er äußerte sich mir gegenüber so: › Ich wusste doch, dass du auf jeden Fall etwas essen musst und dachte, ich könnte dir beim Saubermachen helfen.‹ Können Sie sich so etwas vorstellen?«, sagte sie. »Ich ging sofort die Wände hoch. Ich glaube, ich war noch nie in meinem Leben so wütend.«

Ich sagte zu ihr: »Das klingt mir so, als hätte er umsichtig gehandelt. Er wollte gern mit Ihnen zusammen sein und die Zeit mit Ihnen nicht verpassen.«

Sie entgegnete: »Ja, das hat er gesagt. Er sagte: › Ich wusste, dass du auf jeden Fall etwas essen musstest, und da du sauber machen wolltest, wollte ich dir dabei helfen. Mir ist egal, was ich mache, solange wie ich dabei mit dir zusammen sein kann.‹ «

Ich sagte ihr, ich fände es wunderbar, dass er das tun wollte. Wir begannen also zu erforschen, warum es ihr so schwer fiel, seine Freundlichkeit anzunehmen. Niemand hatte jemals zu ihr gesagt: »Lass mich dir helfen. Lass mich das für dich tun, denn mir liegt etwas an dir.« Diese Erfahrung war ihr fremd. Als kleines Kind war sie auf die Straße betteln gegangen, weil das der einzige Weg war zu verhindern, dass sie und ihr Bruder in ein Kinderheim kamen und die Behörden herausbekamen, dass sie verwahrlost waren. Die Freundlichkeit ihres Freundes passte einfach nicht in ihr Weltbild, also wurde sie ärgerlich, statt sie anzunehmen.

Nachdem wir darüber gesprochen hatten, konnte sie seinen Standpunkt etwas besser verstehen. Es fällt ihr immer noch sehr schwer, seine Freundlichkeit anzunehmen, aber sie konnte ihre Reaktion jetzt erklären, obwohl sie ihrem Freund nicht sehr einsichtig ist. Sie ist für niemanden verständlich, der nicht weiß, was es heißt, das erwachsene Kind eines Alkoholikers zu sein.

Ein reizendes junges Paar suchte mich wegen eines Problems auf, das es nicht lösen konnte. Und wieder spielte es eine wichtige Rolle, dass die Frau das erwachsene Kind eines Alkoholikers war. Der Mann hatte zu hohen Blutdruck. Dieser hing mit dem Stress an seinem Arbeitsplatz zusammen, den er wechseln wollte, und war auch in seiner Familie weit verbreitet. Die Medikamente, die sein Arzt ihm verschrieb, hatten viele Nebenwirkungen, und er zog es vor, sie nicht einzunehmen. Um von seinen Medikamenten loszukommen, war es wichtig, dass er Gefühle wie Ärger nicht unterdrückte, er fing also an, diese auf harmlose Weise herauszulassen. Er schloss die Autofenster und schrie seinen Chef und andere Fahrer auf der Straße an. Er bekam einen Wutanfall, als ein Fenster sich nicht öffnen ließ. Sein Schreien war harmlos für andere, für ihn hingegen sehr gesund, weil er seinen Blutdruck damit auf normalem Level halten konnte.

Aber seine Frau konnte damit sehr schlecht umgehen. Sie sagte: »Ich wünschte, er würde das lassen. Er schreit ständig im Auto herum. Er fährt ständig brüllend ums Haus. Ich weiß, er wird niemanden verletzen, aber trotzdem kann ich das nicht aushalten. Ich kann damit einfach nicht leben.«

Er beschloss, lieber mit dem Schreien aufzuhören, als irgendetwas zu tun, das sie aufregte oder verletzte. Es widerstrebte ihm auch, ihr zu sagen, dass es für ihn gesund war zu schreien. Sie sagte ständig: »Sag mir doch ruhig, was du fühlst.« Aber das war eindeutig eine doppelte Botschaft. Sag mir ruhig, was du fühlst, solange es Gefühle sind, die du von mir aus ruhig haben kannst.

Wir schauten uns das an. Was hieß das? Sie sagte: »Ich habe keine Angst vor ihm. Ich weiß, dass er mir nichts tun wird. Das ist gar keine Frage. Ich weiß nicht, was es ist.« Und plötzlich kam ihr wie ein Blitz die Erinnerung an eine Zeit, als ihre Mutter sich so verhalten hatte wie ihr Mann jetzt. Sie hatte die Kontrolle verloren, geschrien und gebrüllt und ohne sichtbaren Grund gegen die Tür geschlagen. Das war für das kleine Mädchen sehr beängstigend gewesen, denn die Mutter war die Quelle ihrer Sicherheit.

Als diese Frau hörte, wie ihr Mann sich abreagierte, rief das aufgrund ihrer Kindheitserfahrungen eine Überreaktion bei ihr hervor. Jetzt, wo beide wissen, woher ihr Verhalten stammt, haben sie bessere Chancen, es in den Griff zu bekommen. Sie können darüber sprechen und diese Frage klären.

Wenn Paare dabei sind, eine gesunde intime Beziehung zueinander zu entwickeln, geschieht es unter anderem, dass dieser Prozess seinen eigenen Rhythmus entfaltet. Sie fangen an, es wirklich zu genießen, sich selbst und einander zu erforschen, und entwickeln nicht nur der Beziehung, sondern auch sich selbst gegenüber mit der Zeit eine ganz besondere Verbindlichkeit. Paare, die anfangen, an diesen Fähigkeiten zu arbeiten, können auch dann lohnenswerte Beziehungen aufbauen, wenn sie an einem Punkt damit anfangen, wo sie eigentlich Schluss machen wollten. Sie beginnen die Kommunikation miteinander zu genießen und sehen, dass sie früher einfach nicht wussten, wie sie vorgehen sollten. Mit diesem Wissen haben sie das nötige Werkzeug, um zusammenzuwachsen, sich gegenseitig mehr geben und sich als Individuen besser weiterentwickeln zu können.

Wenn Sie sich wegen Ihrer Sexualität Sorgen machen, ist das meistens eine Folge von mangelndem Wissen. Das Mittel dagegen ist nicht weiter aufwendig. Es gibt zu diesem Thema viele gute Bücher. *Unser Körper, Unser Leben* (ein Handbuch von Frauen für Frauen. Reinbek: Rowohlt Taschenbuchverlag, 1988. Anm.d.Ü.) gibt Ihnen zum Beispiel viele gute Informationen, die sehr klar und offen formuliert sind. Es gibt viele Bücher mit praktischen Anleitungen. Warum lesen Sie nicht einige, um sich mit den verschiedenen Möglichkeiten körperlicher Liebe vertraut zu machen?

Die körperliche Beziehung zu einem anderen Menschen beruht aber nicht nur auf technischem Wissen, das Sie sich leicht aneignen können, sondern ist ein Aspekt einer umfassenderen Beziehung. Die körperliche Beziehung ist eine Form von Kommunikation. Sämtliche Wesenszüge, die für das erwachsene Kind eines Alkoholikers typisch sind, können die sexuelle Beziehung beeinträchtigen. Die sexuelle Beziehung, die ein Paar hat, ist symptomatisch für alles, was in der Beziehung vor sich geht.

Wenn Sie als Mensch weiter wachsen und besser im Stande sind, sich auf zahlreichen verschiedenen Ebenen auf andere zu beziehen, werden Sie auch in der Sexualität auf eine befriedigendere Weise kommunizieren können. Die sexuelle Beziehung ist nur ein Teil des gesamten Bildes. Sie findet ihren Platz parallel zu all den anderen Dingen auch.

Ihre Verwirrung über sexuelle Rollen, Männlichkeit und Weiblichkeit sowie ein angemessenes Verhalten gegenüber dem anderen Geschlecht betrifft Themen, die jeden beschäftigen. Sie sind nicht den erwachsenen Kindern von Alkoholikern vorbehalten. Wir machen eine Zeit durch, in der die

Normen sehr unklar sind. Traditionelle Formen gewinnen an Macht, während das Unkonventionelle wieder an Einfluss verliert. Aber trotz dieser Entwicklung ist fast alles möglich. Sämtliche Normen sind gleichzeitig gültig. Sie sind also mit Ihrer Verwirrung in bester Gesellschaft.

Es gab Zeiten, da waren die männliche und die weibliche Rolle eindeutig definiert. Das galt für den Arbeitsplatz, für zu Hause und für das Schlafzimmer. Das stimmt heute jedoch nicht mehr, und die Definitionen verändern sich.

Der einzige Weg, mit Sicherheit zu wissen, wer Sie sind, ist herauszufinden, womit Sie sich wohl fühlen. Das ist im Wesentlichen die ganze Botschaft dieses Buches. Finden Sie heraus, wer Sie sind, fühlen Sie sich wohl mit sich, und seien Sie bereit, danach zu handeln. Auf diese Weise werden Sie ganz. Ihr Leben wird in jeder Hinsicht gesund sein. Und Sie werden frei sein.

8. Erwachsene Kinder von Alkoholikern zeigen eine Überreaktion bei Veränderungen, auf die sie keinen Einfluss haben.

Oberflächlich betrachtet scheinen erwachsene Kinder sehr rigide Menschen zu sein. Sie wollen, dass die Dinge auf ihre Weise und auf keinen Fall anders laufen. Das stimmt vielleicht zum Teil, aber es steckt mehr dahinter, als es den Anschein hat. Die Dinge, mit denen andere scheinbar ganz leicht umgehen können, sind für das erwachsene Kind eines Alkoholikers eine große Sache.

Ich erinnere mich, wie Martha ganz fassungslos war, weil der Plan, in die Stadt zu fahren, in letzter Minute ins Wasser fiel, da ihre Freunde beschlossen, etwas anderes zu unternehmen. Das war für sie eine Katastrophe. Ilse wiederum brach in Tränen aus, weil jemand zu spät kam. Er kam nicht viel zu spät, aber allein der Gedanke, dass er zu spät kam, brachte sie aus dem Häuschen. Bei einem weiteren erwachsenen Kind eines Alkoholikers wurde einmal versehentlich die Telefonleitung unterbrochen. Aufgrund dieser Tatsache hatte sie das Gefühl, bestraft zu werden, was verheerend für sie war.

Oberflächlich gesehen sind das keine großen Angelegenheiten. Aber wenn Sie dies lesen und das Kind eines Alkoholikers sind, wissen Sie, wie wichtig solche Dinge werden können.

Doch all das sind Überreaktionen, die im Allgemeinen mit der eigenen Vergangenheit zusammenhängen. Ähnliches ist auch früher immer wieder passiert, meistens in der Kindheit. Ein scheinbar belangloser Vorfall wird zum Tropfen, der das Fass zum Überlaufen bringt. Plötzlich sind all die Pläne, die niemals ausgeführt wurden, wieder präsent, all die Versprechen, die niemals eingehalten wurden,und all die Strafen, die für Sie in gar keinem Verhältnis zu Ihrem »Verbrechen« standen.

Das ist es, was geschieht, wenn der Plan, in der Stadt bummeln zu gehen, durchkreuzt wird, wenn jemand zu spät kommt oder wenn die Post versehentlich Ihre Telefonleitung unterbricht. Sie verspüren wieder den Schmerz, den Sie als Kind erlebt haben – und niemand, *niemand* wird Ihnen das jemals wieder antun dürfen!

Dieses Verhalten in den Griff zu bekommen erfordert sehr viel Wachheit für sich selbst. Zuerst einmal müssen Sie erkennen, wann Sie überreagieren. Vielleicht können Sie das selbst einschätzen. Ist Ihre Reaktion in Anbetracht der Umstände unangemessen? Sagt Ihnen jemand, dessen Meinung Sie respektieren, dass Sie überreagieren? Sind Sie unvernünftig geworden? Erfordert die Situation wirklich eine so starke Reaktion, wie Sie sie zeigen? Was antworten Sie, wenn jemand zu Ihnen sagt: »Warum ist das denn so ein großes Ding für dich?«

Wenn Sie bei dieser Frage in die Defensive gehen, haben Sie überreagiert. Wenn Sie übertrieben reagieren, müssen Sie sich fragen: »Wie sahen die Umstände aus, durch die für mich so ein großes Ding daraus wurde?« Was machte Sie in Wirklichkeit so betroffen, als Veränderungen ohne Ihr Zutun eintraten? Und was hieß das für Sie? Wann ist das schon einmal passiert?

Durch mangelnde Wachheit entstand das Gefühl, dass jemand Sie absichtlich ungerecht behandelt hat. Steigert sich diese Art zu denken, wird daraus eine paranoide Haltung dem Leben gegenüber. »Sie haben es auf mich abgesehen, weil sie die Pläne in letzter Minute geändert haben, weil sie zu spät gekommen sind oder weil sie meine Leitung unterbrochen haben. Das haben sie mit Absicht getan.« Diese extreme Haltung kann sich entwickeln, wenn Sie nicht begreifen, dass Ihre Überreaktionen aus Ihrer Vergangenheit resultieren.

Die erste und vielleicht wichtigste Möglichkeit, das zu überwinden, besteht darin, wacher für Ihre Überreaktionen zu werden sowie dafür, welche vergangenen Ereignisse ihnen zu Grunde liegen. Eine weitere Möglichkeit besteht darin, Ihre übliche Routine bewusst zu durchbrechen. Schauen Sie sich Ihren Tag an. Beschränken Sie sich strikt auf das, was Sie tun? Können Sie einfach mal einen neuen Weg nach Hause gehen? Wäre es möglich, diese Woche am Mittwoch statt am Donnerstag einkaufen zu gehen? Können Sie Dinge verschieben, ohne dadurch groß in Aufruhr zu geraten?

Vielleicht stellen Sie fest, dass Ihnen dieses Durchbrechen Ihrer Routine schwerer fällt, als Sie dachten. Aber es ist ein erster Schritt, um etwas flexibler zu werden. Die Flexibilität in einem Bereich wird sich auch auf andere Bereiche ausdehnen. Wahrscheinlich werden Sie staunen, wie strikt Sie tagtäglich festen Abläufen folgen und wie sorgfältig Ihre Tage durchgeplant sind. Kann sein, dass Sie von Zeit zu Zeit alles hinschmeißen und davonrennen, fast als rebellierten Sie gegen sich selbst. Aber im Ganzen gesehen, leben Sie wahrscheinlich sehr in gewohnten Gleisen. Das aufzulockern wird helfen, auch Sie aufzulockern, und Ihnen ermöglichen, die Freiheit zu entwickeln, Dinge in Angriff zu nehmen, die Sie können, und zu akzeptieren, dass Sie andere Dinge nicht können. Das heißt nicht, dass Sie mit allem, was geschieht, einverstanden sein müssen. Sie müssen nicht das erwachsene Kind eines Alkoholikers sein, das gar nicht enttäuscht ist, wenn unvorhergesehene und ungewollte Veränderungen eintreten, aber es ist auch nicht notwendig, dass Sie in solchen Situation wie am Boden zerstört sind. Und darin liegt vielleicht der ganze Unterschied. Ihr ganzes Wesen muss nicht zwangsläufig in Mitleidenschaft gezogen werden.

9. Erwachsene Kinder von Alkoholikern suchen ständig Anerkennung und Zuneigung.

Hier geht es um das Thema Selbstvertrauen. Es gibt zahlreiche Wege, um mehr Vertrauen in die eigenen Fähigkeiten zu entwickeln.

Der erste betrifft die Unterstützung und Ermutigung durch andere Menschen. Erwachsene Kinder von Alkoholikern suchen diese Ermutigung ständig, können sie sich aber scheinbar nicht zu Nutze machen. Es ist sehr schwer zu vertrauen, wenn man Ihnen beigebracht hat, dass Vertrauen Ihnen Schmerz bringen wird. Es ist sehr schwer zu vertrauen, wenn Sie als Kind ständig widersprüchliche Botschaften erhielten. Sie wurden nicht darauf programmiert zu vertrauen, sondern zu glauben, dass das, was gesagt wurde, nicht unbedingt auch gemeint war. Die Erwachsenen sagten weder, was sie meinten, noch meinten sie, was sie sagten. Das erschwert das Vertrauen extrem. Wenn Ihnen jemand Unterstützung und Ermutigung gibt, fällt es Ihnen daher sehr schwer, das zu fühlen, zu akzeptieren und für sich zu nutzen.

Da es Ihnen schwer fällt, Ermutigung anzunehmen, schauen Sie sich ständig weiter danach um. Erst wenn man Sie so sehr mit Ermutigung bombardiert, dass Sie nicht mehr darüber hinwegsehen können, nehmen Sie sie zögernd an.

Der erste Schritt besteht also darin, dass Sie beschließen, ein Risiko einzugehen und anfangen, die Unterstützung und Ermutigung wahrzunehmen, die man Ihnen entgegenbringt. Beginnen Sie damit, sich ein paar Menschen zu suchen, denen Sie vertrauen können. Vielleicht sollten Sie dafür bestimmte Kriterien aufstellen. Wie gut kennt dieser Mensch Sie? Ist es jemand, mit dem Sie sehr viel Kontakt haben? Inwieweit akzeptiert dieser Mensch Sie so, wie Sie sind? Wie sehr vertraut er Ihnen? Inwieweit akzeptieren Sie den anderen? (Das kann es Ihnen leichter machen, dem Urteil des anderen zu vertrauen.) Ist dieser Mensch Experte auf dem Gebiet, auf dem er Ihnen Unterstützung und Ermutigung anbietet? Diese Fragen stellen Menschen sich, bevor sie sich entscheiden, ob sie der Unterstützung und Ermutigung eines anderen Menschen vertrauen und sie für sich nutzen können.

Eine junge Frau, die nicht Kind eines Alkoholikers ist, sagte einmal zu mir: »Ich mache das ganz anders. Unterstützung und Ermutigung sind gute Energien. Ich nehme diese Energie an und setze sie dafür ein, noch besser zu werden und selbst noch besser fühlen zu können. Mir gefällt das.« Sie musste keine Urteile treffen. Wenn man ihr sagte: »Versuch's doch. Das ist eine gute Idee«, beschloss sie jedes Mal: »Ja, warum nicht?«

Wenn Sie daran arbeiten, für die Unterstützung und Ermutigung durch andere empfänglicher zu werden, müssen Sie auch an der Festigung Ihres Selbstvertrauens arbeiten. Im Folgenden einige Vorschläge, wie Sie damit anfangen können.

Fragen Sie sich, bei welchen Dingen, die Sie heute getan haben, Sie sich wohl gefühlt haben. Die Antwort auf diese Frage wird Ihnen nicht so schnell oder leicht einfallen. Dann fragen Sie sich, was heute alles geschehen ist. Gibt es etwas, ganz gleich wie geringfügig oder simpel, das Sie als kleinen Erfolg verbuchen können? Gehen Sie den Tag durch. Sie sind gut gelaunt aufgewacht. Das kann für Sie eine Leistung sein.

Sie waren pünktlich bei der Arbeit. Das kommt bei Ihnen vielleicht gar nicht so häufig vor. Was es auch sein mag, tun Sie es nicht beiseite. Tun Sie den Verdienst für kleine Erfolge nicht einfach mit der Begründung ab, jeder hätte tun können, was Sie getan haben. Sie haben es getan. Deswegen ist es Ihr Erfolg.

Sie müssen sich kontinuierlich bemühen und sich den Verdienst für alles, was Sie erreicht haben, zuschreiben. Sie werden Selbstvertrauen gewinnen, wenn Sie die Aufgaben erledigen, die Sie sich vorgenommen haben. Das können kleine oder große Aufgaben sein, aber verpflichten Sie sich, sie durchzuführen, wenn Sie erst einmal wissen, dass das realistisch ist.

Wenn Sie vor einer schwierigen Aufgabe stehen, sollten Sie lieber üben, statt in Gedanken ein Desaster zu entwerfen. Vergeuden Sie Ihre Zeit nicht mit Panik, wenn Ihnen ein Bewerbungsgespräch bevorsteht. Bereiten Sie sich darauf vor. Üben Sie mit einer Freundin, so dass die reale Bewerbungssituation später für Sie nicht völlig neu ist. Verbringen Sie Ihre Zeit nicht damit, sich Ihren Erfolg oder Misserfolg auszumalen. Bleiben Sie im gegenwärtigen Augenblick.

Nicht alles wird immer gut gehen. Wenn ja, wunderbar. Aber das ist dann kein Zufall. Sie waren verantwortlich für den Erfolg. Wenn es nicht gut ging, gehen Sie einfach los und probieren Sie etwas Neues. Sie müssen nicht am Boden zerstört sein. Sie sind nicht für alles verantwortlich, was schief geht, aber wenn etwas gut geht, ist das kein Zufall.

Immer wieder kommen Menschen in mein Büro und sagen ganz erstaunt: »Das lief wirklich gut.« Ich schaue sie an und sage: »Es war kein Zufall, dass es gut lief. Sie haben wochenlang darauf hingearbeitet. Sie haben hart dafür gearbeitet, dass es gut lief. Wenn die Dinge gut laufen, ist das eine Folge davon. Schritt für Schritt. Eins nach dem anderen. Es ist wirklich kein Zufall, dass es so gut lief.«

Das sind einige Möglichkeiten, Selbstvertrauen zu entwickeln – durch kleine Erfolge und dadurch, dass Sie diese kleinen Erfolge anerkennen. Kleine Dinge, die Ihnen leicht von der Hand gehen, sind nicht ohne Wert. Bauen Sie auf Dinge auf, die Ihnen leicht gelingen. Gehen Sie Schritt für Schritt und Tag für Tag vor. Beginnen Sie, sich und anderen zu vertrauen. Sie werden niemals wieder in einer Position sein, wo Sie keine andere Wahl haben, als Menschen vertrauen zu müssen, die sich selbst nicht vertrauen können. Jetzt haben Sie die Wahl. Jetzt wissen Sie besser, wem Sie vertrauen können, wo Sie sich selbst vertrauen können und wo nicht. Sie wissen, wo es Hilfe für Sie gibt. Sie müssen sie nur für sich nutzen.

10. Erwachsene Kinder von Alkoholikern haben meistens das Gefühl, anders zu sein als andere Menschen.

Durch das Gefühl der Isolation, das Sie als Kind empfanden, war es für Sie extrem schwierig, mit anderen Menschen Verbindungen einzugehen. Sie sehnten sich nach Kontakten, konnten sie aber nicht herstellen. Dieses Gefühl haben Sie als Erwachsener immer noch.

Es ist schwer, wenn nicht unmöglich, diese Gefühle ganz zu überwinden, aber es gibt Wege, das Gefühl der Isolation zu verringern. Das erfordert vielleicht ein gewisses Risiko und einiges an notwendiger Anstrengung. Als Erstes müssen Sie das Risiko eingehen, sich anderen mitzuteilen. Das wird Ihnen helfen zu erkennen, dass Sie als Mensch zwar einzigartig, aber gar nicht so anders sind als andere.

Finden Sie alles darüber heraus, wie sich erwachsene Kinder von Alkoholikern fühlen. Das wird Ihnen helfen zu verstehen, dass Sie nicht anders sind. Das theoretische Wissen wird nicht viel dazu beitragen, dass sich Ihre Gefühle wirklich ändern, aber es wird Ihnen Anstöße in Richtung Veränderung geben.

Es ist hilfreich, sich einer Gruppe anzuschließen. Das kann eine Gruppe von erwachsenen Kindern von Alkoholikern sein oder jede andere Gruppe, in der Menschen sich ihre Gedanken und Gefühle mitteilen. Da nicht alle Ihre Gefühle in Ihrer Vergangenheit wurzeln, kann es hilfreich sein herauszufinden, wo dieser Zusammenhang besteht und wo nicht. Sie werden keine Gruppe finden, in der nicht der eine oder andere ein erwachsenes Kind von Alkoholikern ist. Auch wenn diese Tatsache nicht so oft mitgeteilt wird, werden Sie doch damit niemals alleine dastehen.

Wenn ich von einem Risiko spreche, meine ich damit, dass Sie sich zeigen sollen. Dieses Risiko beinhaltet zuzulassen, dass sowohl andere Menschen Sie besser kennen lernen als auch Sie selbst sich. Das hat den Vorteil, dass auch Sie andere besser kennen lernen und beginnen, sich mit ihnen verbunden zu fühlen. Das Gefühl, in der Masse allein zu sein, nimmt ab.

Der einzige Weg, die Dinge zu bekommen, die Sie haben wollen, ist, sie anderen zu geben. Wenn Sie Liebe brauchen, schenken Sie anderen Ihre Liebe. Ich weiß, dass ich, um verstanden zu werden, anderen Verständnis zeigen muss. Das Gleiche gilt, wenn ich mich anderen nahe fühlen möchte. Der einzige Weg, von dem ich mit Sicherheit weiß, dass er mich einem anderen Menschen nahe bringt, ist zuzulassen, dass dieser Mensch mir nahe kommt, und (nicht unbedingt laut) sagen zu können: »Du kannst mir nahe kommen. Ich habe keine Angst vor deiner Nähe. Ich biete dir mich, meine Freundschaft, meine Fürsorge. Ich biete dir das, was ich selbst brauche, das wird uns beiden helfen, unsere Isolation zu verringern.«

Ich bin nicht sicher, ob man das Gefühl der Isolation jemals ganz verliert und ob ein Mensch mit dieser Vergangenheit jemals ein Gefühl von totaler Verbundenheit erleben wird. Aber nicht nur erwachsene Kinder von Alkoholikern haben das Gefühl, anders zu sein als andere Menschen oder in einer Gruppe nicht dazuzugehören.

Wenn Sie zum Beispiel auf einem Gebiet Spezialist sind oder Vorgesetzte/r, sind Sie von den Menschen isoliert, die für Sie arbeiten. Sie werden freundlich zu Ihnen sein, aber Sie sind nicht einer von ihnen. Weil Sie in einer höheren

Position sind, fühlen Sie sich von der Gruppe getrennt. Wenn Sie in einem helfenden Beruf arbeiten, werden Ihre Klienten keine freundschaftliche Beziehung mit Ihnen eingehen. Sie werden Sie als Menschen für sich, getrennt von ihnen, sehen, und tun das für ihr eigenes Wohl.

Wenn Sie sich selbst verwirklichen, wenn Sie entdecken, wer Sie sind und Ihr Leben nach Ihren eigenen Vorstellungen leben, werden Sie sich auch etwas entfremdet fühlen. Der einzige Weg, das zu vermeiden, besteht darin, von Zeit zu Zeit zu beschließen, es so zu machen wie die anderen und die Normen der Gruppe zu akzeptieren, der Sie gerade angehören. Wenn Sie beschlossen haben, die Richtlinien der Anonymen Alkoholiker zu akzeptieren, werden Sie wahrscheinlich bei den AA-Treffen eine gewisse Verbundenheit empfinden. Das gilt auch für die Teilnahme an kirchlichen Gruppen. Sie werden sich den anderen nicht ständig verbunden fühlen, aber immer dann, wenn Ihre Entscheidungen mit denen der restlichen Gruppe übereinstimmen.

Es ist wichtig, dass Sie sich einige wenige besondere Menschen in Ihrem Leben suchen, denen Sie geben, was Sie haben möchten, und die auch Ihnen geben können, was Sie wollen. Wenn Sie dieses Risiko nicht eingehen, bleiben Sie isoliert. Das Risiko eingehen aber heißt, die Möglichkeit zur Veränderung zu ergreifen. Es reicht nicht, das einmal zu versuchen. Versprechen Sie sich, sich jeden Tag einem anderen Menschen ein kleines Stückchen zu nähern, entweder, indem Sie ihn besser kennen lernen oder zulassen, dass er Sie besser kennen lernt. Initiieren Sie diesen Austausch, und versuchen Sie zu akzeptieren, was man Ihnen gibt.

11. Erwachsene Kinder von Alkoholikern sind entweder übertrieben verantwortlich oder total verantwortungslos.

Hier geht es um das Bedürfnis nach Perfektion. »Wenn ich nicht perfekt bin, bin ich nichts. Wenn ich nicht perfekt bin, werde ich abgelehnt. Man wird mich verlassen. Ich weiß, dass ich nicht perfekt bin, aber wenn ich mich genügend anstrenge, wird niemand das erfahren. Darum werde ich die perfekte Angestellte, die perfekte Ehefrau, die perfekte Mutter, die perfekte Freundin, das perfekte Kind sein. Mein Aussehen wird immer perfekt sein. Ich werde immer das Richtige sagen. Wenn ich perfekt bin, werden mein Chef, meine Eltern und meine Freunde mich lieben. Ich muss einfach nur immer tun, worum man mich bittet, und noch etwas mehr. Ich muss einfach nur alles tun. Aber bitte lass sie bloß nicht hinter die Kulissen schauen!«

Können Sie schon beim Lesen dieser Sätze den Druck spüren? Er ist enorm. Die Aufgabe, sich zu verändern, ist auch enorm. Auch wenn Sie nicht der übertriebene Leistungsmensch sind, sondern der total Unverantwortliche, ist die Aufgabe, sich zu verändern, für Sie enorm, lässt sich aber viel leichter formulieren. Das Kontrastprogramm zur übertriebenen Verantwortung lautet: »Wenn das alles so ungeheuer anstrengend ist, warum soll ich mich dann überhaupt bemühen?«

Vielleicht liebt man Sie, vielleicht aber auch nicht. Viele Leute hegen einen Groll auf perfekte Menschen, weil sie mit ihnen nicht mithalten können, andere wiederum lieben in Ihnen das Bild, das Sie vorgeben. Welchen Wert soll diese Liebe für Sie haben? Sie müssen sich fortgesetzt bemühen, damit sie Ihnen weiter sicher ist. Wenn Menschen aber Ihr wirkliches Selbst kennen und lieben, werden sie sicher nicht vor Ihnen weglaufen, wenn Sie ihnen mit Lockenwicklern auf der Treppe entgegenkommen.

Darin liegt das Risiko. Viele Menschen mit einem übertriebenen Verantwortungsbewusstsein müssen erst krank werden, ehe sie aufhören können. Das ist ihr einziger Ausweg, und er ist nur allzu absehbar. Sie geben und geben und laden sich immer mehr auf, bis sie keine Energie mehr haben und krank werden. Tatsächlich erschöpfen sie sich völlig. Sie können keinen annehmbaren Weg finden, kürzer zu treten.

Erich ist dafür ein perfektes Beispiel. Er ist immer noch dabei, sich von einem schweren Autounfall zu erholen, den er vor zwei Jahren hatte. Er lebt in einer neuen Ehe mit einem ganzen Trupp neuer Kinder und neuen Problemen. Er steht am Anfang eines neuen Berufswegs und sucht eine Arbeit.

Zusätzlich zu alledem hat er seine jüngst verwitwete und sehr depressive Mutter zu sich nach Hause eingeladen. Er ist der Meinung, auch die emotionale Fürsorge für einen Bruder, der sich gerade von seiner Freundin trennt, übernehmen zu müssen, und für einen weiteren Bruder, der versucht, mit einer Suchtmittelabhängigkeit fertig zu werden, und nebenbei noch sicherzustellen, dass jeder Laune seiner Schwiegermutter nachgekommen wird. Auf meine Vorschläge, den Druck zu verringern, erwiderte er: »Wenn ich es nicht tue, wer denn sonst?«

Erich erreichte einen Punkt, wo er einfach so nicht weitermachen konnte. Sein Körper weigerte sich, das Bett zu verlassen. Alle Menschen in seinem Leben sahen, dass er krank war. Er war auch krank, und das gab den anderen die Gelegenheit, selbst die Verantwortung zu übernehmen. Sie nahmen ihr Leben selbst in die Hand, und dadurch konnte Erich aufhören, ein Supertyp zu sein. Aber er musste erst krank werden, um dazu in der Lage zu sein.

Das Gleiche gilt für Paula, eine geschiedene Frau mit einer alkoholabhängigen Mutter, die immer noch trinkt. Sie hat ein eigenes Kind und sich auf einen Vater von fünf Kindern eingelassen. Paula arbeitet ganztags. Zusätzlich hat sie noch die Verantwortung für die Wohnung ihres Freundes und dessen Kinder übernommen. Das heißt, dass sie vor der Arbeit und bevor sie ihren eigenen Sohn zur Schule bringt, jeden Morgen einen anderen Haushalt versorgt, das Mittagessen für alle vorbereitet, die Wäsche für alle besorgt und fünf Kinder für die Schule fertig macht.

Paula suchte mich erst seit ein paar Wochen auf, als sie sich den Fuß brach. Ich sagte ihr, das sei kein bloßer Unfall. Der einzige Weg, langsamer zu machen und aufzuhören, sich beweisen zu müssen, lag darin, dass etwas geschah, was sie arbeitsunfähig machte. Es überrascht nicht, dass ihr Liebhaber sehr ärgerlich darüber ist, dass sie sich verletzt hat, und sie schaut sich jetzt die Beziehung viel genauer an. Ihre Mutter hat jetzt einen Grund, eine Zeit lang mit dem Trinken aufzuhören, damit sie Mutter spielen kann. Und Paula kann damit anfangen, Wege zu finden, etwas weniger Verantwortung auf sich zu nehmen.

Um diesen Menschen helfen zu können, ihr Leben realistischer zu leben, muss man ihnen ganz genaue Anweisungen geben. In Paulas Fall war das einfach. Ihr Sohn bekam einen schweren Hautausschlag. Sie versprach mir, nicht eher zu ihrem Freund zurückzukehren, bis der Ausschlag ihres Sohnes abgeheilt war. Durch diesen Vertrag konnte sie anfangen, sich zu verändern.

In Erichs Fall begann seine Familie, sich ernsthaft Sorgen um seine Gesundheit zu machen, und alle versprachen, ihm zu helfen und die eigene innere Kraft zu finden, erwachsen zu werden und sich ihren Problemen selbst zu stellen. Er war einfach für jeden zu einer bequemen Einrichtung geworden. Das hat sich jetzt geändert.

Sie müssen nicht darauf warten, in eine solch extreme Lage zu geraten, bis Sie anfangen können, an diesem Problem zu arbeiten. Ein Teil Ihrer Schwierigkeiten mag darin liegen, dass Sie Ihre eigenen Kräfte nicht realistisch einschätzen. Sie haben vielleicht kein Gespür dafür entwickelt, was andere von Ihnen gerechterweise verlangen können. Vielleicht haben Sie auch nicht gelernt, wie man Verantwortung delegiert.

Wenn Sie zuerst einmal Ihre Arbeit betrachten, müssen Sie für sich ein paar konkrete Richtlinien aufstellen. Wie lange will ich arbeiten? Wann ist es Zeit aufzuhören und nach Hause zu gehen? Finden Sie das mit anderen zusammen heraus. Was machen andere? Wie sieht Ihre Arbeitsplatzbeschreibung aus? Was wird von Ihnen in dieser Position erwartet? Was kann man von Ihnen verlangen? Was ist vernünftig? Was ist gerecht? Was fällt in Ihren Verantwortungsbereich und was in den Verantwortungsbereich von anderen? Was ist durchführbar und was nicht? Diese Dinge müssen wirklich sorgfältig beachtet werden. Vielleicht sollten Sie sie auch mit einem anderen Menschen besprechen.

Das Extremste, was mir in dieser Hinsicht begegnet ist, war eine Frau, die von der Arbeit nach Hause gegangen war, weil jemand, der ihr sehr nahe stand, im Sterben lag. Während sie im Krankenhaus auf der Intensivstation saß, rief ihr Chef sie an und sagte ihr, sie solle zurückkommen, weil ein eiliger Termin einzuhalten sei. Da sie das Kind zweier Alkoholiker war, wusste sie nicht, was in dieser Situation richtig war und kehrte zurück. Ich brauche wohl nicht zu betonen, dass mir die Luft wegblieb. Sie wusste einfach nicht die Antwort auf die Frage: »Muss ich das wirklich tun?«

Wenn jemand Sie um etwas bittet, dann sollten Sie sich fragen: »Muss ich das wirklich tun? Will ich das wirklich tun?« Die Antwort lautet vielleicht nicht immer nein, aber Sie haben immer die Wahl, Nein zu sagen.

Als ich einmal im Sommer in Israel war, reiste ich mit einer Gruppe herum. Es waren über dreißig Grad, und die Gruppe machte sich auf, einen Hügel zu besteigen, um Jericho zu besichtigen, das zum großen Teil aus Ruinen besteht. Ich machte mich mit ihnen auf den Weg, blieb dann aber stehen und sagte: »Heh! Ich muss doch nicht mitgehen!« Sie schauten mich sehr überrascht an, und eine andere Frau aus der Gruppe sagte: »Wissen Sie was, Sie haben ganz Recht. Ich muss das auch nicht.« Keiner vergaß das. Später auf der Tour, als wir mit der Seilbahn den Masada hochfuhren, wandte sie sich an mich, weil sie große Höhenangst hatte, und sagte: »Muss ich das?« Da wir den Berg schon zur Hälfte erklommen hatten, hatte sie keine andere Wahl.

Die Frage »Muss ich das tun?«, sollten Sie sich in entsprechenden Situationen unbedingt stellen. Wenn Sie nicht sicher sind, dann sprechen Sie darüber mit einem Menschen, dem Sie vertrauen können, nicht mit jemandem, der ein persönliches Interesse daran hat, dass Sie die Aufgabe erledigen.

Der nächste Schritt besteht darin, dass Sie lernen, Nein zu sagen, wenn Ihre Entscheidung so lautet. Das ist sehr schwer. Es erfordert Praxis und verlangt von Ihnen, ein Risiko einzugehen. Menschen gefällt es vielleicht nicht, wenn Sie Nein sagen, und sie können es nicht als Teil Ihres Wesens akzeptieren. Schauen Sie sich die möglichen Konsequenzen an und machen Sie sich bereit, damit klarzukommen. Sind diese Konsequenzen Ihr Nein wert? Was ist Ihr Motiv, nein zu sagen?

Vielleicht wollen Sie nicht sofort auf das Nein lossteuern und damit so zwanghaft umgehen, wie Sie es mit anderen Dingen getan haben. Stattdessen können Sie beschließen, erst einmal Zeit zu gewinnen, indem Sie sagen: »Ich kann das jetzt nicht entscheiden. Ich werde darauf zurückkommen.« Wenn man eine sofortige Entscheidung verlangt, können Sie sagen: »Ich brauche Zeit, um darüber nachzudenken.«

Wenn Sie sich Bedenkzeit nehmen, sollte es Ihnen leichter fallen, auch Nein zu sagen, wenn Sie nein fühlen. Das gibt Ihnen auch die Möglichkeit, Alternativen herauszufinden. Wenn Sie Zeit gewinnen, sind Sie in der Lage, eine verantwortungsbewusste Entscheidung zu treffen, mit der alle Beteiligten zufrieden sind.

Wenn Sie über Anforderungen, die man an Sie stellt, nachdenken und (da Sie solch ein enormer Leistungsmensch sind) dabei zu sich selbst sagen »Vielleicht kriege ich das noch irgendwo unter«, sollte die nächste Frage an Sie lauten: »Aber will ich es auch?« Diese Frage mag den Ausschlag geben. »Will ich das? Oder möchte ich mit meiner Zeit lieber etwas anderes anfangen?« Vielleicht möchten Sie lieber gar nichts tun. Sich nicht erst an dem Punkt für das Nichtstun zu entscheiden, wo Sie gar keine Energie mehr haben, kann für Sie ebenso wichtig sein wie alles andere.

Wenn Sie total verantwortungslos sind, kann das zwei Gründe haben. Der erste ist, dass Sie beschließen, gar nicht erst anzufangen, und der zweite, dass Sie völlig erschöpft sind. Obwohl die Auswirkungen dieser beiden Ursachen ähnlich aussehen, sind diese doch sehr unterschiedlich und müssen verschieden angegangen werden. Wenn Sie völlig erschöpft sind, müssen Sie sich ausruhen und wieder zu Kräften kommen. Vielleicht müssen Sie für eine Weile ganz aussteigen. Daran ist überhaupt nichts verkehrt. Sie brauchen Zeit, um sich wieder zu sammeln, um sich zu heilen, bevor Sie weitermachen können. Wenn Sie Ihre Kräfte wieder beisammen haben, sollten Sie aber diesmal maßvoller damit umgehen.

Beim Genesen müssen Sie anfangen, sich selbst zu geben. Wahrscheinlich müssen Sie lernen, wie man das macht. Denken Sie an die Dinge, bei denen Sie sich wohl fühlen. Sie können in eine Kurklinik gehen und sich dort anschauen, auf welche Weise Menschen sich erholen. Sie müssen anfangen zu lernen, wie man Energie aufnimmt, wie man nicht nur gibt, sondern auch bekommt.

Schauen Sie sich einmal die Menschen in Ihrem Leben und Ihre Beziehungen genau an. Bekommen Sie ebenso viel, wie Sie geben? Haben Sie sich mit Menschen umgeben, die die Stärke besitzen, Ihnen das zu bieten, was Sie ihnen bieten? Es kann sein, dass Sie bei dieser sorgfältigen Überprüfung feststellen, dass Sie Ihr Leben mit Menschen bevölkert haben, die Sie immer nur in Anspruch nehmen, ohne etwas zurückzugeben. Vielleicht müssen Sie das ändern, indem Sie Beziehungen zu Menschen anknüpfen, die ebenso viel zu bieten haben wie Sie. Es kann auch sein, dass Sie den Menschen in Ihrer Umgebung bislang nicht erlaubt haben, Ihnen etwas zu geben. Sie spielten den Superstarken oder die Superstarke, und jetzt ist es an der Zeit zuzulassen, dass andere Ihnen helfen, damit Sie Ihre Kraft zurückgewinnen können.

Dieses Mal müssen Sie realistischer vorgehen und nicht für alle Menschen ständig alles sein wollen. Sie sehen jetzt, dass sich das nicht auszahlt. Märtyrer werden zu ihren Lebzeiten selten geschätzt.

Überverantwortliche Menschen neigen dazu, sich ausnutzen zu lassen. Irgendwie rufen sie fast danach. Wenn Sie sich also diesmal anschauen, was Sie für Ihren Lebensunterhalt arbeiten wollen, dann gehen Sie sicher, dass Sie nicht ausgebeutet werden. Finden Sie heraus, ob Ihre Arbeit angemessen bezahlt wird. Verschaffen Sie sich so viele Informationen wie möglich.

Hanne tat das, und als sich bei ihr erst einmal die Meinung herauskristallisiert hatte, dass sie unter solchen Bedingungen nicht arbeiten konnte, riskierte sie eine Konfrontation mit ihrem Chef. Sie hatte beschlossen, lieber ihre Arbeit zu verlieren, als zuzulassen, dass sie ausgebeutet wurde. Für sie ging es gut aus. Ihr Vorgesetzer gab ihr, was sie für vernünftig hielt. Es geht nicht immer so gut aus, aber Ihre Selbstachtung mag diesen Schritt wert sein.

Wenn Sie total verantwortungslos sind, und zwar nicht aus dem Grund, weil Sie erschöpft sind, sondern weil Sie niemals etwas in Angriff genommen haben, liegt das Problem etwas anders. Ihr Entschluss, dieses Buch zu lesen, heißt wahrscheinlich, dass Sie bereit sind, sich zu ändern. Das Problem ist schwierig. Vielleicht müssen Sie erst einmal herausfinden, was Sie tun wollen, und in einer Richtung anfangen, kleine Erfolge zu haben. Sie können auch Tests machen, um herauszufinden, für welche Berufsrichtung Sie sich interessieren. Vielleicht überlegen Sie sich, ob Sie nicht eine Schule besuchen wollen. Es ist wahrscheinlich gut, wenn Sie das unter professioneller Anleitung tun und einen Plan mit jemandem zusammen ausarbeiten, der versteht, was psychisch in Ihnen vorgeht, wie schwer es für Sie ist, verantwortungsbewusster zu werden und Ihre Angst vor Erfolg und allem, was damit verbunden ist, zu überwinden. Es kann sein, dass Sie dazu alleine nicht im Stande sind. Natürlich können Sie selbst anfangen. Aber wenn Sie das Gefühl haben, in dem Moment wie gelähmt zu sein, wo es vorangeht, stellen Sie vielleicht – wie auch einer meiner Klienten – fest, dass Sie nur bis hierher und nicht weiter gehen können. Er war im Stande, bis zum Universitätsgelände zu gehen, konnte aber das Immatrikulationsamt nicht betreten. Er konnte die Anmeldungsformulare ausfüllen, war aber nicht in der Lage, das Aufnahmegespräch zu führen.

Finden Sie heraus, inwieweit Sie alleine zurechtkommen, aber vielleicht werden Sie Hilfe brauchen. Das heißt nicht, dass Sie krank sind, sondern lediglich, dass dies eine Hürde ist, für deren Überwindung Sie professionelle Hilfe brauchen. Die Entscheidung, sich nach dieser Hilfe umzusehen, ist vielleicht der schwerste Teil.

12. Erwachsene Kinder von Alkoholikern sind extrem zuverlässig, auch wenn offensichtlich ist, dass etwas oder jemand diese Zuverlässigkeit gar nicht verdient.

Zuverlässigkeit ist eine sehr bewundernswerte Eigenschaft. Aber wie für jede Eigenschaft gilt auch hier, dass Sie Ihnen wahrscheinlich nichts mehr einbringt, wenn Sie sie übertreiben. Sie verhalten sich unterschiedslos allen gegenüber zuverlässig, die Ihren Kreis betreten und mit Ihrem Leben in Berührung kommen. Ihre Zuverlässigkeit erstreckt sich auf Geliebte, Freundinnen und Freunde, die Familie und Angestellte. In jeder dieser Beziehungen sind Sie für andere sehr wertvoll. Und Ihre Angst davor, verlassen zu werden, macht es Ihnen fast unmöglich, andere zu verlassen.

Wenn Sie mit Menschen zu tun haben, die Sie nicht so behandeln, wie Sie es brauchen, ist es wichtig, dass Sie Ihre Zuverlässigkeit überdenken. Sie ist vielleicht nicht angemessen. Man ist niemandem automatisch Zuverlässigkeit schuldig. Die Beziehungen, von denen ich spreche, sind die, bei denen Sie sich Tag für Tag sagen: »Warum gebe ich mir solche Mühe? Warum bleibe ich? Ist es das wert? Warum bin ich eine solche Närrin? Warum kann ich die Beziehung nicht aufgeben?«

Um eine Verbindung zu lösen, die Sie nicht länger wünschen, können Sie mehrere Schritte unternehmen. Der erste besteht darin, die Situation realistisch zu klären. Fragen Sie sich: »Wie sieht diese Beziehung aus? Was passiert im Moment?« Dann werden Sie sich sagen hören: »Aber, aber, aber..« Wenn diese »Abers« anfangen, befinden Sie sich nicht mehr in der Gegenwart. Sie sehen nicht mehr die Realität, sondern verlieren sich in Phantasien über die Vergangenheit oder die Zukunft. »Warum kann es nicht mehr so sein, wie es einmal war?«

Es kann nicht mehr so sein, wie es einmal war, weil es nicht mehr so ist, wie es einmal war. Am Anfang einer Beziehung behandeln Menschen sich oft anders als später, wenn die Begegnung mit dem anderen Teil der täglichen Routine wird. Das müssen Sie verstehen. Vielleicht verhalten Sie sich nicht so, aber andere tun es. Und vielleicht stellen Sie fest, dass Sie annehmen, mit Ihnen müsse etwas nicht stimmen, weil der oder die andere Sie nicht mehr so behandelt wie am Anfang. »Wenn ich nur das Richtige tun oder sagen könnte, wäre das Leben wieder so, wie es war.« Das ist nicht realistisch.

Wenn eine Beziehung sich weiterentwickelt, und die Beteiligten sich besser kennen lernen, muss die Beziehung sich verändern. Sie kann wichtiger oder unwichtiger werden. Menschen können sich aufmerksamer oder unaufmerksamer behandeln. Viele Dinge geschehen. Nichts bleibt stehen, und das, was zu Anfang da war, existiert nicht mehr.

Die Phantasie, dass alles wunderbar werden wird, wenn Sie nur eine schwierige Zeit durchstehen, kann unrealistisch sein.

In der Zukunft zu leben ist keine gute Idee, denn die Zukunft kann nicht vorausgesagt werden. Wenn Paare in gesunden Beziehungen schwierige Zeiten durchmachen, teilen sie einander ihre Gefühle mit. Wenn sie aggressiv werden, sprechen sie miteinander und auch darüber, wie sie verhindern können, dass das noch einmal passiert.

Die Frage, wie viel Energie Sie in eine Beziehung geben, ist eine wichtige Überlegung. Wenn Sie anfangen, sich zurückzuziehen und mehr Gleichheit in der Beziehung wollen, kommt es zu interessanten Entwicklungen. Wenn Sie sich realistisch anschauen, was in den Anfangszeiten der Beziehung geschah, stellen Sie vielleicht fest, dass Sie sehr viel Energie hineingegeben haben. Das ist Ihre Art, und Sie genießen das.

Der andere war dafür offen. Und an irgendeinem Punkt haben Sie dann vielleicht selbst Bedürfnisse verspürt. Vielleicht haben Sie sich etwas zurückgezogen, und das gefiel dem anderen nicht. Das kann zusammenfallen mit dem Zeitpunkt, wo er Sie nicht mehr so behandelt hat, wie Sie behandelt werden möchten. Das kann der Punkt sein, an dem Sie anfingen, sich unglücklich zu fühlen – als Sie sich etwas zurückzogen, und Ihr Partner oder Ihre Partnerin nicht mehr auf Ihre Energie bauen konnte.

Ich kenne einen Mann, der sich genau in dieser Situation befand. Als die Frau, die das erwachsene Kind eines Alkoholikers war, sich etwas zurückzog, begannen die Leute ihn geringschätzig zu behandeln. Sie hatte ihm so viel gegeben, dass er im wahrsten Sinne des Wortes zusammenschrumpfte, als sie etwas zurückhaltender wurde.

Der erste Schritt, um zu entscheiden, ob Ihre Zuverlässigkeit angemessen ist, besteht darin, die Beziehung realistisch einzuschätzen. Was gibt sie Ihnen wirklich? Erlauben Sie sich dabei nicht, in die Vergangenheit oder in die Zukunft abzuschweifen. Die Gegenwart ist das Reale. Fragen Sie sich: »Was ist jetzt für mich das Beste? Gilt meine Zuverlässigkeit dem Menschen, wie ich ihn im Augenblick kenne?«

Eine gewisse Zuverlässigkeit ist angemessen, wenn es um die Beziehung zu einem Kind geht, das ein besonders schweres Entwicklungsstadium durchmacht, oder um die Beziehung zu einem Menschen, der krank ist und nicht geben kann, was er sonst gegeben hat. In diesem Fall ist es notwendig, sich bewusst dazu zu entschließen, für den anderen da zu sein. Vielleicht müssen Sie sich sagen: »Mir liegt an Janine. Ich werde bei ihr bleiben. Ich werde ihr weiterhin beistehen, obwohl sie mir im Augenblick nicht gut tut. Ich werde aufpassen. Ich werde mich schützen, in der Hoffnung, dass das alles zu bewältigen ist.«

Das Nächste, was Sie tun müssen, damit Ihre Zuverlässigkeit nicht selbstverständlich ist, sondern auf Ihrer bewussten Entscheidung beruht, ist, sich zu sagen: »Was habe ich davon? Was bringt mir das für Vorteile? Warum halte ich die Beziehung aufrecht? Was bedeutet mir dieser Mensch?« Die Antworten auf diese Fragen sind oft ganz überraschend. Sie können herausfinden, dass ein Mensch für einen anderen Menschen in Ihrem Leben steht. Ihr Geliebter ähnelt vielleicht Ihrem trinkenden Vater zu der Zeit, als Sie heranwuchsen. Sie wiederholen Verhaltensmuster, weil sie Ihnen vertraut sind. Vielleicht haben Sie die frühen Bindungen nie aufgegeben und richten sich wieder damit ein.

Inwieweit ähnelt Ihnen dieser Mensch? Haben Sie sich zu jemandem hingezogen gefühlt, der Ihnen sehr ähnlich ist? Wer ist dieser Mensch? Was stellt er für Sie dar?

Nachdem Sie die Antworten auf diese Fragen gefunden haben, müssen Sie sich losgelöst von diesem anderen Menschen betrachten. Fangen Sie an, Ihre Grenzen und die des anderen Menschen anzuerkennen. Unterscheiden Sie, was mit ihm oder ihr und was mit Ihnen zu tun hat. Wenn das klar ist, wird der Einfluss des anderen auf Ihre Gefühle abnehmen.

Die Menschen, die unsere Zuverlässigkeit nicht verdienen, stehen uns oft sehr kritisch gegenüber. Sie verbringen sehr viel Zeit damit, uns zu sagen, was mit uns alles nicht stimmt. Passen Sie auf, wenn Sie das hören. Wenn Sie beschließen zuzuhören, sollten Sie sich klarmachen, über wen der andere wirklich spricht. Haben seine/ihre Äußerungen wirklich etwas mit Ihnen zu tun, oder projiziert er/sie vor allem sich selbst auf Sie? Achten Sie darauf, wo der andere aufhört und Sie beginnen. Der Schmerz, die Angst oder der Ärger des anderen gehören zu ihm. Sie können mitfühlend und Anteil nehmend sein, aber es sind nicht Ihre Gefühle. Die Zuverlässigkeit, bei der Sie sich verlieren und in einem anderen Menschen verschwinden, ist nicht zu Ihrem Besten.

Vielleicht verwickeln Sie sich aufgrund von Schuldgefühlen in eine Beziehung, die nicht gut für Sie ist. Wenn Sie wegen Ihrer Schuldgefühle leicht zu manipulieren sind, denken Sie, dass Sie dem anderen verpflichtet sind. Wenn ich meine Klienten frage, was sie anderen denn schulden, heißt es: »Nun, er war so nett zu mir. Nun, sie hat sich wirklich um mich gekümmert.«

Sie haben aus falschen Gründen Schuldgefühle. Wenn jemand sich um sie kümmert, dann weil Sie es wert sind. Ihre Freundschaft ist ein Geschenk. Sie sind niemandem verpflichtet, nur weil er zu Ihnen freundlich ist. Sie sind ein wertvoller Mensch. Wenn Sie anderen etwas schuldig sein sollen, nur weil diese freundlich zu Ihnen waren, sagen Sie damit: »Ich bin das nicht wert.« Wenn Sie anfangen, sich zurückzuziehen, wird der andere versuchen, Ihnen Schuldgefühle zu machen. Er wird darüber sprechen, wie sehr er Sie will und braucht, und es wird Ihnen sehr schwer fallen, sich loszumachen.

Das mag eine günstige Zeit für Veränderungen in der Beziehung sein. Sie können sagen: »Ich möchte keinen Schlussstrich ziehen, aber ich kann keine Beziehung fortsetzen, die mir nicht gut tut. Wenn wir darüber reden können, und die Beziehung sich so verändert, dass Sie uns beiden gut tut, denke ich vielleicht noch einmal darüber nach.«

Aufgrund von Schuldgefühlen eine Beziehung fortzusetzen ist ein Verhalten, das Sie sich sorgfältig anschauen müssen. Ihre Freundschaft ist ein Geschenk. Sie sollte in Ehren gehalten werden. Sie ist nicht etwas, das Sie jemandem schuldig sind, nur weil er Ihre Freundschaft annimmt. Schauen Sie sich ganz genau an, was Sie gegeben haben und was Ihnen gegeben wurde. Haben Sie immer noch das Gefühl, dem anderen etwas schuldig zu sein? Haben Sie es fair und realistisch betrachtet? Schlucken Sie das »Aber, aber, aber ...« herunter.

Es kann auch sein, dass Sie Beziehungen fortsetzen, die Ihnen nicht gut tun, weil Sie Angst vor dem Alleinsein haben. Sie fürchten sich vor Einsamkeit und Isolation. Es ist unwahrscheinlich, dass dies Ihre letzte Möglichkeit für eine Liebesbeziehung oder eine Freundschaft ist, und Ihr augenblicklicher Partner oder Ihre Partnerin ist auch nicht der einzige Mensch auf der ganzen Welt, dem Sie etwas bedeuten. Irgendwie haben Sie die Beziehung aufgebauscht. Denken Sie daran, dass Sie sich haben. Ist das nicht wunderbar? Das kann es jedenfalls sein, wenn Sie sich kennen lernen. Die Angst vor dem Alleinsein mit sich selbst kann in eine wünschenswerte Erfahrung umgewandelt werden.

Vielleicht bleiben Sie auch in einer Beziehung, weil Sie sich in ihr überlegen fühlen können. Wenn Ihr Partner Ihnen nicht all das bietet, was Sie ihm bieten, können Sie sich wichtiger fühlen als er und glauben, er stünde in Ihrer Schuld und sei Ihnen verpflichtet. Was Sie tatsächlich sagen, ist: »Der einzige Weg, mich gut zu fühlen, besteht darin, mich auf jemanden einzulassen, der mir unterlegen ist. Das stärkt mein Ego. Wenn du geringer bist als ich, richtet mich das auf.«

So kann der Vorteil aussehen : »Obwohl du mich nicht so behandelst, wie ich es brauche, fühle ich mich überlegen, und damit baue ich – wenn auch auf falschen Grundlagen – meine Selbstachtung auf.« Sie müssen sich das ganz genau anschauen. Selbst wenn Sie sich über die Beziehung beklagen – gibt es nicht etwas, das Ihnen Befriedigung verschafft?

Sie können total davon überzeugt sein, diesen Menschen zu lieben, und ich würde mich darüber niemals mit Ihnen streiten. Wenn ich allerdings Liebe definieren sollte, dann als Bereicherung. Wenn Sie und ich eine Liebesbeziehung haben, bereichern wir uns gegenseitig. Wir sind mehr, als wenn wir uns nicht aufeinander eingelassen hätten. Andernfalls ist Ihre Zuverlässigkeit wahrscheinlich unangemessen – selbst wenn Sie es Liebe nennen.

Es mag noch nicht einmal wichtig sein, wie Sie es nennen. Die wichtige Frage lautet: »Tut es mir gut?« Das ist ähnlich wie das Gespräch darüber, ob Sie Alkoholiker sind. Auf ein solches Gespräch würde ich mich ebenfalls nicht einlassen. Ich weiß nicht, ob Sie Alkoholiker sind – aber warum trinken Sie nicht einfach keinen Alkohol? Ich weiß nicht, ob Sie diesen Menschen lieben, aber warum beschließen Sie nicht einfach, dass niemand das Recht hat, Sie schlecht zu behandeln, weil Sie sich lieben und sich wichtig sind?

Wenn Sie beschließen, dass eine Beziehung sich ändern muss und Sie Ihre Zuverlässigkeit lieber anderswo verschenken möchten, kann es Ihnen aufgrund Ihrer Ängste schwer fallen, sich ganz zu trennen. Aber warum sollten Sie sich begrenzen? Warum entwickeln Sie nicht neue Freundschaften? Warum geben Sie Ihre Energie nicht in diese und versuchen, jetzt realistischer zu sein? Während diese Beziehungen sich entwickeln, können Sie die Freundschaft einschränken, die Ihnen nicht gut tut. Es muss nicht um alles oder nichts gehen. Sie müssen diesen Menschen nicht vollkommen aus Ihrem Leben verschwinden lassen, können aber einfach den Einfluss dieser Beziehung verringern. Es gibt viele Entscheidungsmöglichkeiten und viele Richtungen. Realistisch in Hinsicht darauf zu sein, wen und was Sie wollen, ist ein guter Ausgangspunkt.

13. Erwachsene Kinder von Alkoholikern sind impulsiv, sie neigen dazu, sich mit Verhaltensweisen festzurennen, ohne alternative Handlungsmöglichkeiten oder eventuelle Konsequenzen ernsthaft zu bedenken. Diese Impulsivität führt zu Verwirrung, Selbstverachtung und Kontrollverlust über ihre Umgebung. Das Resultat ist, dass sie enorm viel Energie aufbringen müssen, um das angerichtete Durcheinander wieder zu beheben.

Das impulsive Verhalten, über das wir sprechen, ähnelt dem eines zweijährigen Kindes, das einen Wutanfall bekommt, weil es das, was es will, nicht auf der Stelle bekommt. Das

Spielzeug, das es im Auge hat, ist das Einzige, was auf der Welt wichtig ist. Es kommt dem Verhalten des zweijährigen Kindes gleich, das im dicksten Verkehr plötzlich über die Straße rennt.

Ein zweijähriges Kind kann auch den Atem anhalten, bis es blau anläuft. Weil es so dringend Aufmerksamkeit will, bestraft es sich, indem es sich selbst verletzt. Ihr Verhalten unterscheidet sich gar nicht so sehr davon. Der Hauptunterschied besteht darin, dass Sie für dieses Verhalten selbst verantwortlich sind. Bei einem zweijährigen Kind kann jemand anderes verantwortlich gemacht werden. Es ist durchaus möglich, dass Sie sich in einer anderen Umgebung anders entwickelt hätten und Ihre Wünsche Sie heute auf andere Weise beeinflussen würden.

Aber das ist hier nicht das Thema. Vielmehr geht es darum, was Sie tun können, um sich nicht wie ein zweijähriges Kind zu verhalten. Sie wissen, dass Ihnen dieses Verhalten nichts einbringt, und das ist vielleicht das Einzige, was Sie von dem Kind unterscheidet.

Der Schlüssel liegt darin, Sie abzufangen, bevor Sie losrennen, und sich Ihren Impulsen in den Weg zu stellen, bis Sie die Konsequenzen und mögliche Alternativen untersucht haben. Es ist wichtig, dass Sie langsamer machen, damit nicht alles zu spät ist, wenn Sie sich erst einmal verrannt haben.

Wenn Sie mit einem Berater zusammenarbeiten oder einen Mentor haben, mit dem Sie regelmäßig sprechen, können Sie vielleicht etwas Zeit gewinnen. Die folgenden Beispiele zeigen, wie sich das Problem für meine Klienten gelöst hat.

Eine Klientin hatte viele katastrophale Männerbeziehungen. Wir fingen damit an, uns einfach genau anzuschauen, was in diesen Beziehungen passierte. Was trug sie dazu bei? Wen wählte sie für sich aus? Wir schauten uns alle Elemente an, die bei diesen Beziehungen zusammenspielten, und kamen zu dem Schluss, dass meine Klientin nicht als Opfer betrachtet werden konnte.

Sie rief mich eines Nachmittags an, als ich gerade eine Geschäftsreise antreten wollte, und sagte: »Ich habe die Antwort gefunden. Wir beide haben in der falschen Richtung gesucht. Ich habe keine Probleme mit Beziehungen. Ich habe Probleme mit Männern. Ich glaube, in Wirklichkeit ist es so, dass es mir viel besser gehen würde, wenn ich mich auf eine Frau einließe, und ich glaube, das werde ich auch tun. Ich habe da diese Frau getroffen, und das gibt meinem Leben eine völlig neue Richtung.«

Mir ging der Gedanke durch den Kopf: »Was kann ich tun, damit sie vorsichtiger ist?« Der Punkt ist nicht das Geschlecht des Menschen, auf den Sie sich einlassen. Wenn Sie mit Beziehungen zu Männern nicht klarkommen, haben Sie auch mit Beziehungen zu Frauen Schwierigkeiten. Und es würde Ihr Leben mit Sicherheit noch komplizierter machen, wenn Sie eine homosexuelle Beziehung anfingen.

Meine Antwort lautete schließlich: »Können Sie nicht warten, bis ich von meiner Reise zurück bin?« Sie war einverstanden, und das war vernünftig von ihr. Wenn das tatsächlich die Richtung war, auf die ihr Leben zusteuerte, konnte sie auch noch die eine Woche warten. Es stellte sich heraus, dass sie genau diese Zeit gebraucht hatte. Als ich zurückkam, wollte sie über all das noch nicht einmal mehr sprechen. Es war aus. Der momentane Impuls war vorbei.

Etwas Ähnliches passierte Harold. Er rief mich an, um mir zu erzählen, dass er seinen Chef hasse und auch seine Arbeit und dass er in der falschen Branche sei. Er hatte einen Kündigungsbrief geschrieben, den er seinem Chef am nächsten Morgen überreichen wollte.

Ich schlug ihm vor, solange zu warten, bis wir den Brief gemeinsam durchgegangen waren. Er war einverstanden. So dringend war es nun auch wieder nicht. Es musste zwar bald geschehen, aber gewiss nicht unbedingt am nächsten Morgen. Er stimmte zu. Als er drei Tage später hereinkam, hatte sich alles geändert. Er war nicht mehr ganz so ärgerlich, und sein Gefühl von Dringlichkeit war verschwunden.

Das sind zwei Situationen, in denen Menschen wach genug waren, um sich zu fragen, ob sie sich vielleicht auf der falschen Spur befanden. Die Möglichkeit bestand, dass das Verhalten, das sie im Augenblick sehr rational und vernünftig fanden, ihnen später Schwierigkeiten einbringen würde. Für mich ist es wichtiger zu hören, was jemand letzten Abend getan hat, statt dass er mir erzählt, was er heute Abend vorhat.

Wenn Sie keine professionelle Hilfe haben, gibt es Wege, wie Sie anfangen können, Ihre Impulsivität selbst in den Griff zu bekommen. Sie werden diese Impulsivität erkennen, denn es steckt sehr viel Energie dahinter. Sie werden sie auch daran erkennen, dass Sie sich wie getrieben und unter Zwang fühlen und an nichts anderes mehr denken können.

Wenn dieses Gefühl bei Ihnen hochkommt, dann sagen Sie zu sich: »Wer außer mir wird von diesem Verhalten betroffen sein?« Ich empfehle Ihnen nicht zu sagen: »Das ist gut«, »Das ist schlecht«, »Das ist dürftig«, »Ich sollte das lassen«, oder »Das sollte ich tun«, denn in dem entscheidenden Augenblick sehen Sie die Dinge nur so und nicht anders, und es spielt keine Rolle, ob Ihnen das gefällt oder nicht. Es ist zu diesem Zeitpunkt für Sie scheinbar die einzige Möglichkeit.

Dann müssen Sie sich anschauen, welche anderen Menschen in Ihr Verhalten verwickelt sind. Wer außer mir ist betroffen von dem, was ich tue? Auf welche Art und Weise sind andere davon betroffen? Zu der Zeit, wo das Handeln Sie überrollt, ist es Ihnen wahrscheinlich ganz egal, ob es Ihnen schaden könnte. Ihr Selbstgefühl geht Ihnen verloren, auch wenn Sie denken, Sie seien total bei sich.

Sich diese Fragen zu stellen sollte genügen, damit Sie Ihr Handeln hinausschieben können und Zeit gewinnen, um sich die Konsequenzen und Alternativen genau zu überlegen.

Eine impulsiv getroffene Entscheidung muss nicht immer schlecht für Sie sein. Eine Arbeit zu kündigen kann das Beste sein, was Sie für sich tun können. Vielleicht ist Homosexualität für Sie besser. Aber diese Entscheidungen sollten erst getroffen werden, wenn Sie die Alternativen und Konsequenzen bedacht haben. Sie sollten mit klarem Kopf gefällt werden, damit Sie sicher sein können, dass Sie sich wohl fühlen mit dem, was Sie tun. Dann müssen Sie sich später nicht sagen: »Ich wünschte, ich hätte nicht so überstürzt gehandelt.«

Vielleicht ist das, was für Sie gut ist, für die Menschen in Ihrer Umgebung nicht gut. Es kann für Sie wichtig sein, die anderen mit zu bedenken. Ihre Arbeit zu kündigen, weil Sie sie hassen, ist für Sie vielleicht gut. Wenn Sie aber der einzige Versorger für Jüngere sind, die von Ihnen abhängig sind, ist das kein bedachter Schritt. Wenn Sie glauben, dass der Grund für Ihre Eheprobleme der ist, dass Sie versuchen, heterosexuell zu sein, kann es Ihrem Mann oder Ihrer Frau schaden, wenn Sie Ihr Verhalten entsprechend ändern und das augenblicklich in die Tat umsetzen.

Ich sage Ihnen nicht, wie Ihre Entscheidungen aussehen sollen. Ich empfehle Ihnen, einen Weg zu finden, um Zeit zu gewinnen, damit Sie die Folgen Ihrer Handlungen überdenken können. Wie in jedem anderen Bereich Ihres Lebens auch ist die freie Entscheidung wichtig. Wenn Sie eine bewusste, aktive Entscheidung treffen und bereit sind, für Ihr Verhalten zur Rechenschaft gezogen zu werden, fühlen Sie sich viel wohler in Ihrer Haut, ganz gleich, für was Sie sich entschieden haben.

Wenn das, was Ihnen versprochen wurde, nicht sofort geschah, kam es einfach niemals dazu – das haben Sie in Ihrem Leben erfahren. Aber jetzt, wo Sie nicht mehr in dieser Umgebung leben, können die Regeln geändert werden. Schauen Sie zurück auf die Dinge, die Sie so übereilt getan haben sowie auf die Befriedigung, die auf der Stelle eintreten musste. Was lag daran, so schnell vorzugehen, wie Sie es taten? War es kurzfristig gesehen für Sie von Vorteil? Hat es Ihnen langfristig etwas eingebracht?

Zum Beispiel haben viele von Ihnen die Schule aufgegeben. Was haben Sie dadurch gewonnen? Was bedauern Sie am meisten, wenn Sie an die Dinge denken, die Sie übereilt getan haben? Das sind vielleicht die gleichen Dinge, von denen Sie dachten, sie auf der Stelle haben zu wollen. Sie müssen anfangen, Ihr Leben aus einer breiteren Perspektive zu betrachten.

Eine Möglichkeit, das zu tun, ist zu phantasieren. Wo würden Sie in fünf Jahren gerne sein? Wollen Sie dann noch tun, was Sie im Augenblick tun? Wollen Sie Ihrem Leben eine andere Richtung geben?

Überlegen Sie sich die notwendigen Schritte, um zu neuen Zielen zu gelangen. Wenn Sie sich diese Schritte anschauen, werden Sie sehen, dass die gesamte Befriedigung nicht erst am Ende eintritt. Wenn Sie zum Beispiel auf einen Abschluss hin studieren, empfinden Sie nicht erst am Tag, an dem Sie Ihr Diplom erhalten, Befriedigung.

Es gibt viele kleine befriedigende Erlebnisse auf dem Weg. Denken Sie darüber nach. Bauen Sie diese Befriedigung selbst ein. Entwickeln Sie Ihr eigenes Belohnungssystem. Wenn der Grundschullehrer den Kindern, die gute Arbeiten ablieferten, goldene Sternchen gab, hatte das einen Zweck. Es hieß: »Das hast du gut gemacht.« Es geht in keiner Situation um alles oder nichts.

Wenn Sie Dinge übereilt tun, stellen Sie manchmal die falschen Fragen oder treffen falsche Entscheidungen. »Ich will die Scheidung« kann heißen »Ich will so nicht leben.« Das sind zwei sehr verschiedene Aussagen. Der Beschluss »Ich will so nicht leben« kann sich verwandeln in »Ich werde auf *keinen Fall* so weiterleben.« Das bedeutet nicht unbedingt die Scheidung.

Es kann bedeuten, dass sich Ihr Lebensstil ändert. Vielleicht suchen Sie eine Beratung auf oder entscheiden sich für andere Wege. Es kann auch auf eine Scheidung hinauslaufen, aber nicht zwangsläufig. Wenn Sie die Befriedigung aufschieben, haben Sie die Möglichkeit herauszufinden, um was es wirklich geht. Vielleicht fühlen Sie sich unterdrückt. Das heißt nicht unbedingt, dass Sie sich scheiden lassen müssen, sondern eher, dass Sie herausgefordert sind, neue Entscheidungen für Ihr Leben zu treffen.

Ich will mir nicht anmaßen zu behaupten, dass die Befriedigung, auf die Sie warten, immer besser ist, als das, was Sie auf der Stelle wollen. Das wäre dumm und unrealistisch. Manchmal ist die verzögerte Befriedigung schöner und die Erfahrung reicher, aber ihr fehlt die Aufregung, die damit einhergeht, wenn Sie das, was Sie wollen, sofort umsetzen.

Das Problem mit der sofortigen Befriedigung ist nicht, wie diese sich im Augenblick anfühlt. Da fühlt sie sich großartig an. Wenn Sie aus der Schule spazieren und wissen, dass Sie Ihrem Geometrielehrer nie wieder gegenübertreten müssen, fühlen Sie sich super. Der leckere Nachtisch, den Sie gestern Abend gegessen haben, schmeckte köstlich. Der Mann, mit dem Sie in einem leidenschaftlichen Augenblick ins Bett gegangen sind, hat Ihnen wirklich eine wunderbare Nacht beschert.

Das stimmt alles. Aber es gibt noch eine andere Seite der Geschichte, die in der Freude des Augenblicks nicht auftaucht, aber stark dadurch beeinflusst wird. Wenn Sie aus der Schule spazieren und Ihrem Geometrielehrer nie wieder gegenübertreten müssen, bedeutet das auch, dass Sie nicht mit Ihrer Klasse zusammen den Abschluss machen und all die Dinge tun können, die Sie anschließend so gern getan hätten. All die leckeren Desserts zu essen heißt auch, dass Sie nicht in das Kleid passen, das Sie so gerne anziehen würden. Auf der Höhe der Leidenschaft mit jemandem ins Bett zu gehen, kann eine ungewollte Schwangerschaft oder andere Schwierigkeiten nach sich ziehen. Es geht nicht einfach um die Erfahrung des Augenblicks. Sie müssen erkennen, dass Sie sich selbst etwas vormachen. Immer wenn Sie meinen, etwas sofort in die Tat umsetzen zu müssen, sollten Sie das im selben Augenblick als faulen Schwindel betrachten und sich fragen, wie die Konsequenzen aussähen, wenn Sie darauf hereinfielen. Der Gebrauchtwagen, den Sie unbedingt heute vom Urlaubsgeld Ihrer Familie kaufen müssen, schenkt Ihnen vielleicht auf lange Sicht gesehen nicht die Befriedigung, die Sie sich kurzfristig erhoffen.

Versuchen Sie zu erkennen, dass Sie sich selbst etwas vormachen, sich an der Nase herumführen und faule Spiele mit sich treiben. Zumindest rationalisieren Sie.

Fragen Sie sich in dem Augenblick, in dem Sie unbedingt einen Nachtisch essen müssen: »Falle ich darauf herein?« Das ist eine interessante Frage, nicht wahr? Von dem Augenblick an, in dem Sie Ihren Entschluss fällen, fangen Sie an zu rationalisieren. »Das ist doch nur eine kleine Portion. Ich esse nur die Kruste. Ab morgen halte ich Diät. Gestern war ich so gut, da habe ich nur ganz wenig zu Mittag gegessen.« Ich muss Ihnen nicht alles sagen, was Sie sich in solchen Augenblicken selbst erzählen.

Wenn Sie sich fragen, ob Sie darauf hereinfallen, sieht Ihre Reaktion vielleicht anders aus. Ja, Sie werden darauf hereinfallen. Sie werden nicht so viel abnehmen, wie Sie sich vorgenommen hatten. Oder zumindest nicht so schnell. Ja, Sie werden immer wieder darauf hereinfallen.

Könnten Sie auf die Idee hereinfallen, mit der Schule aufzuhören? Sie müssen darüber nachdenken. Überlegen Sie sich Alternativen, die für Sie wünschenswerter sind, als zur Schule zu gehen. Bedenken Sie auch die Vorteile, die damit verbunden sind, dass Sie weitermachen. Falls diese überwiegen, besteht die Gefahr, dass Sie auf sich hereinfallen.

Die Folgen, die entstehen können, wenn Sie mit jemandem ohne Verhütung schlafen, müssen nicht weiter ausgeführt werden. Ja, Sie können hereinfallen. Und das Gleiche gilt für den Gebrauchtwagen statt Familienferien.

Wenn Sie erkannt haben, dass Sie hereinfallen können, müssen Sie sich als Nächstes die Frage stellen: »Ist es das wert?« Wenn die Antwort »Ja« lautet, dann genießen Sie die Erfahrung. Lautet sie »Nein«, und Sie beschließen, ein Erlebnis zu verschieben oder aufzugeben, das Ihnen nur dieser Augenblick bietet, werden Sie sich auch gut fühlen. Sie werden ein Gefühl von Befriedigung darüber empfinden, dass Sie sich bewusst entschieden haben.

Entscheidungsspielraum zu haben ist ganz entscheidend. Es gibt Ihnen die Freiheit zu handeln oder nicht zu handeln, und das ist eines der größten Geschenke, das wir uns selbst bereiten können. Es befreit Sie von dem Zwang, Ihre Impulse ausagieren zu müssen und legt Ihr Leben in Ihre Hand. Was für eine wunderbare Ausgangsposition.

4 Was ist mit Ihren Kindern?

Kinder von Alkoholikern und Kinder von Kindern von Alkoholikern haben emotional nicht mehr und nicht weniger Schaden erlitten wie Kinder, die in anderen belastenden Situationen leben. Der Alkoholismus ist nicht die einzige Ursache dafür, dass Kinder leiden. Ganz gleich, wie die Umstände aussahen – das Schuldgefühl, das Sie mit sich herumtragen, weil Sie nicht im Stande waren, ein ideales Zuhause zu schaffen, wird Ihnen nicht weiterhelfen. Und auch Ihren Kindern nicht. Es nimmt Ihnen lediglich die Energie, die Sie einsetzen können, um die Situation zu verändern.

Viel von dem Schmerz, den Ihre Kinder erleiden, kann umgewandelt werden. Und nicht nur das – Ihre Kinder können aufgrund ihrer Erfahrungen mit Ihrer Hilfe auch stärker werden und mehr Selbstachtung entwickeln. Ja, das meine ich wirklich. Negatives kann in Positives umgewandelt werden. Man muss nur wissen, wie. Meine Erfahrung bei der Beratung Ihrer Kinder zeigt mir, dass es oft zu sofortigen und einschneidenden Verbesserungen kommt. Und meistens ist es von großem Vorteil, wenn Ihre Hilfe für die Wende im Leben Ihrer Kinder herangezogen wird. Sie sind ein wichtiger Mensch im Leben Ihres Kindes und können eine große Kraft für sein Wohlbefinden sein. Es gibt vieles, was Sie tun können, um in Ihren Kindern ein Gefühl von Selbstachtung zu fördern.

Was ist mit meinen Kindern?

Im Folgenden einige Richtlinien, um Ihnen zu helfen, den Problemkreis zu durchbrechen, der durch Alkoholismus in der nächsten Generation verursacht wird. Es gibt zehn sehr einfache Punkte zu beachten.

Da viele von Ihnen selbst Alkoholiker geworden sind und/oder Alkoholiker geheiratet haben, leben Ihre Kinder wahrscheinlich in einer akuten Situation. Auf dem Hintergrund dieser Überlegungen wurden die folgenden Richtlinien entwickelt. Aber auch wenn Sie das Glück haben, nicht selbst Alkoholiker geworden zu sein, und auch nicht wieder in einer entsprechenden Situation leben, können die Richtlinien für Sie hilfreich sein. Sie können auf jede Situation angewandt werden.

1. Arbeiten Sie an sich und an Ihrem persönlichen Wachstum.

Kinder lernen durch Nachahmung. Seien Sie der Mensch, von dem Sie gerne sehen, dass Ihre Kinder ihn nachahmen. Sie sind ein Rollenvorbild – ob Ihnen das gefällt oder nicht. Sie geben das Beispiel. Wenn Sie aufgebracht und verwirrt sind, werden auch Ihre Kinder aufgebracht und verwirrt sein. Wenn Sie gereizt sind, sind auch Ihre Kinder gereizt. Ihre Kinder sind ebenso ängstlich, schuldbewusst und vielleicht besessen vom Alkohol geworden wie Sie. Wenn Sie zu Hause einen negativen Ton angeben können, können Sie auch einen positiven Ton angeben. Wenn Sie ein Lächeln im Gesicht tragen, werden auch Ihre Kinder lächeln. Man kann Spannung in der Luft spüren. Kein Wort muss fallen, aber jeder spürt sie. Wenn Sie daran arbeiten, entspannter zu werden, wird auch die Stimmung bei Ihnen zu Hause entspannter. Das ist ein Ausgangspunkt.

2. Hören Sie Ihren Kindern gut zu.

Setzen Sie sich mit ihnen zusammen und hören Sie sich an, was sie zu sagen haben – ganz gleich, was es ist. Lassen Sie sie wissen, dass Sie an ihnen interessiert sind und ihnen Ihre Aufmerksamkeit schenken. Weil Sie zuhören, müssen Sie nicht mit allem einverstanden sein. Es heißt einfach, dass Sie bereit sind zuzuhören. Arbeiten Sie daran, akzeptieren zu können, dass Ihre Kinder ebenso ein Recht haben, die zu sein, die sie sind, und zu denken, was sie denken, wie Sie. Das sagt sich so leicht, ist aber sehr viel schwerer umzusetzen. Einiges, was Sie hören, wird empörend sein, aber Sie hatten in diesem Alter auch empörende Gedanken oder haben sie vielleicht sogar noch heute. Wenn Sie zuhören, ohne Vorträge zu halten, muss das nicht heißen, dass Sie allem zustimmen. Es bedeutet einfach, die Kommunikationskanäle zu öffnen. Es ist ein Anfang, miteinander zu sprechen, statt aufeinander einzureden.

3. Sagen Sie die Wahrheit. Seien Sie ehrlich mit Ihren Kindern.

Der Realitätssinn Ihrer Kinder ist stark verzerrt. Es fällt ihnen schwer, die Wahrheit zu erkennen. Der trinkende Alkoholiker lügt meistens in Form von Versprechen, die er nicht einhält. Er meint es wirklich, wenn er sagt, er sei zum Abendessen zu Hause, auch wenn er dann nicht kommt. Das verwirrt Kinder. Der Alkoholiker lügt nicht, aber er kommt eben nicht rechtzeitig zum Abendessen nach Hause. Das Kind hört, wie der nicht trinkende Elternteil die Dinge beschönigt, und folgt diesem Beispiel. Auch das Kind möchte die Wahrheit nicht sehen. Niemand will es. Sich der Realität stellen heißt aber, zur Gesundheit zurückkehren. Wenn Ihre Kinder Gefühle nicht verstecken müssen, verringert das ihre Last.

Gefühle sind nicht *richtig* oder *falsch*. Sie *sind* einfach. Wenn wir hören oder sagen: »Das solltest du aber nicht fühlen«, ist das keine große Hilfe, denn wir fühlen nun einmal, was wir fühlen. Vielleicht gibt es bestimmte Verhaltensweisen, die wir unterlassen sollten, aber bei Gefühlen geht es nicht um richtig oder falsch. Wenn wir glauben, was wir fühlen sei falsch, bekommen wir lediglich Schuldgefühle, und alles wird nur noch schlimmer. Wenn Ihr Kind sagt: »Ich hasse meinen Vater!«, flößen Sie ihm Schuldgefühle ein, wenn Sie erwidern: »Du solltest deinen Vater nicht hassen, er ist krank.« Was für ein schrecklicher Mensch muss es sein, jemanden zu hassen, der krank ist! Es ist besser, dieses Gefühl mit dem Kind zusammen genauer zu untersuchen. »Ich weiß, was du meinst. Manchmal denke ich auch, ich hasse ihn, aber in Wirklichkeit hasse ich diese Krankheit. In Wirklichkeit hasse ich das Verhalten, zu dem diese Krankheit ihn bringt.« Helfen Sie, die Dinge zu klären, das ist auch eine Hilfe für die Klärung Ihres eigenen Denkens.

Der Ärger, den Sie verspüren, ist real. Es hilft nicht weiter zu denken, es sei falsch, ärgerlich zu sein, und dass es besser wäre, Mitgefühl zu empfinden. Sie können beides fühlen. Sprechen Sie offen darüber. Überlegen Sie, wie Sie damit umgehen können. Warum fahren Sie nicht Fahrrad, wenn Sie ärgerlich sind, schlagen auf einen Punchingball ein oder finden einen Ort, wo Sie nach Herzenslust brüllen können? Ja, es ist in Ordnung, ärgerlich zu sein. Aber es ist nicht in Ordnung, sich aufgrund von Ärger destruktiv zu verhalten.

Ich mache mir mehr Sorgen um das Kind, das in einer Situation, über die es voller Groll ist, passiv bleibt. Ich weiß, dass der Ärger, den das Kind nach innen wendet, Magenprobleme, Depressionen und alle möglichen anderen Symptome zur Folge haben wird. Wenn Ihr Kind Sie anbrüllt und seinen Ärger herauslässt, ist das gesünder, so schwer Sie damit vielleicht auch umgehen können. Wenn das Gefühl erst einmal geäußert wurde, können Sie sich zusammensetzen und darüber sprechen. Kinder machen sich auch sehr viel Sorgen. Sie machen sich Sorgen und fühlen sich ohnmächtig. Sie fühlen sich nicht wohl dabei, sich Lehrern und Beratern anvertrauen zu müssen. Sie möchten nicht, dass »Außenseiter« etwas erfahren. So vieles von dem, worüber sie grübeln, behalten sie für sich. Sie können ihnen eine Zufluchtstätte sein. Wenn Sorgen offen besprochen werden, scheinen sie leichter zu bewältigen zu sein.

4. Informieren Sie Ihre Kinder.

Erzählen Sie Ihnen alles, was Sie über die Krankheit Alkoholismus wissen. Geben Sie Ihnen entsprechende Literatur, und setzen Sie sich mit Ihnen zusammen, um Fragen zu beantworten, die aufkommen mögen. Vielleicht wollen sie einige Dinge wissen, die Sie nicht beantworten können. »Ja, ich verstehe, dass Vati mit dem Trinken nicht mehr aufhören kann, wenn er erst einmal angefangen hat. Aber warum fängt er denn damit überhaupt erst an?« Dann antworten Sie: »Er ist so krank. Dieser Zwang ist Teil der Krankheit.« Das Kind wiederum sagt: »Ja, aber ...« Es ist an diesem Punkt absolut nicht verkehrt zu sagen: »Ich verstehe das selbst nicht ganz. Das Einzige, was ich mit Sicherheit weiß, ist, dass es wirklich harte Arbeit ist, uns davon nicht unterkriegen zu lassen. Ich brauche eure Hilfe, um mich daran zu erinnern, so wie ihr meine Hilfe braucht, um das nicht zu vergessen.«

5. Ermuntern Sie Ihre Kinder, zu Alateen zu gehen.

Alateen wird die Auffassung unterstützen, dass der Alkoholismus eine Krankheit ist und als solche betrachtet werden muss. Wenn Ihre Kinder diese Vorstellung erst einmal annehmen können, können sie anfangen, Selbstachtung zu entwickeln. Als Kinder betrachten wir uns so, wie andere uns sehen. Die schrecklichen Dinge, die der Alkoholiker den Kindern sagt, beeinträchtigen ihr Selbstbild. Schon oft habe ich Kinder im Arm gehalten, die schluchzend sagten: »Wenn ich nicht so ein verdorbenes Kind wäre, würden meine Eltern nicht trinken. Es wäre für alle besser, wenn ich tot wäre.«

Man kann Alkoholismus weder verursachen noch kurieren. Das Kind muss verstehen, dass der Alkohol niemals seinen Wert als menschliches Wesen bestimmen darf. Auch das sagt sich leichter, als es getan ist. Sie können helfen, indem Sie sich und das Kind ständig daran erinnern und sich dem Kind gegenüber selbst entsprechend verhalten.

Alateen ist eine wunderbare Einrichtung, um diese Auffassungen zu unterstützen. Wenn Ihr Kind Alateen besucht, wird es sich verstanden fühlen und ein Gefühl von Zugehörigkeit haben. Es hat einen Ort, wo es seine Probleme besprechen und anfangen kann, sich wohler mit sich zu fühlen.

6. Geben Sie das Verleugnen auf.

Verleugnung ist der größte Verbündete des Alkoholismus und der größte Feind, den Sie in Ihrem Kampf gegen den Alkoholismus haben. In jedem Fall kann man mit der Realität besser umgehen als mit dem Unbekannten. Das gilt auch für eine Krankheit, die so heimtückisch ist wie der Alkoholismus. Sagen Sie zu Ihren Kindern: »Euer Vati reagiert auf Alkohol ungewöhnlich. Deswegen verhält er sich so, wie er selbst und auch wir es eigentlich gar nicht wollen. Aber wir dürfen nicht vergessen, dass dann die Krankheit durch ihn spricht und nicht euer Vati. Wenn ihr das vergesst, dann kommt und sprecht mit mir darüber, und wenn ich es vergesse, werde ich zu euch kommen, um mit euch darüber zu sprechen. Dies ist eine Familienkrankheit, und wir werden uns auch besser fühlen, wenn wir als Familie damit umgehen.«

7. Schützen Sie Ihre Kinder nicht davor, die verheerenden Auswirkungen des Alkoholismus kennen zu lernen.

Wenn der Alkoholiker oder die Alkoholikerin bei Ihnen zu Hause Dinge zerstört, ist es am besten, wenn er oder sie die Beweise für seine Zerstörung sieht. Unglücklicherweise müssen vielleicht auch die Kinder sie sehen. Sagen Sie: »Ich fühle mich unwohl dabei, dass ihr das hier ansehen müsst, aber Mutti muss wissen, was vorgegangen ist, sonst erinnert sie sich nicht daran.« Ihre Kinder davor zu beschützen heißt, sie zu schwächen und zu verwirren. Sie wissen sowieso, dass etwas vorgefallen ist, warum sie also ihren Phantasien überlassen? Ganz gleich, wie schlimm es ist, in ihrer Phantasie werden sie sich alles noch viel schlimmer ausmalen. Die Realität kann nicht verleugnet werden. Energie mit Verleugnung der Realität zu vertun heißt, sie von Dingen abziehen, die wohltuender sind – wie dafür zu sorgen, dass es einem besser geht.

8. Haben Sie keine Angst, Ihren Kindern Ihre Zuneigung zu zeigen.

Man kann einem Kind auf keinen Fall zu viel Liebe geben. Aber jedem Wink von ihm nachzugeben, um es für die Schwierigkeiten in seinem Leben zu entschädigen, heißt nicht, es zu lieben. Es zu lieben heißt vielmehr, Ihrem Kind das zu sagen, es zu halten, zu küssen, es wissen zu lassen, wie glücklich Sie sind, dass es Ihr Kind ist. Das Kind muss das hören. Es reicht Ihrem Kind ebenso wenig, wenn Sie sich sagen, dass es schon weiß, dass Sie es lieben, wie Ihnen das genügen würde. Ein Kind muss das genauso hören, wie Sie es hören müssen. Das heißt nicht, dass alles, was es sagt und tut, liebenswert ist. Es bedeutet einfach, dass es als menschliches Wesen liebenswert ist. »Ich liebe das Kind, das du bist. Ich muss nicht alles lieben, was du tust, was nicht heißt, dass ich dich dann weniger liebe.« Diese Botschaft muss eindeutig sein. Sie können den Alkoholiker lieben und die Krankheit hassen. Das eine muss mit dem anderen nichts zu tun haben. Einige Verhaltensweisen sind akzeptabel, andere nicht.

9. Es ist wichtig, dass Kindern klare Grenzen gesetzt werden.

Lassen Sie die Kinder wissen, dass es zu einer festen Zeit Abendessen gibt, dass Schlafengehen und Hausarbeiten einem festen Zeitplan unterliegen. Geben Sie ihnen konstante Anhaltspunkte, nach denen sie ihr Leben ordnen können. Das Familienleben muss eine gewisse Zuverlässigkeit haben, denn durch Unzuverlässigkeit werden Kinder desorientiert und verlieren das Gespür dafür, wer sie sind. Man kann sich nicht wohl in seiner Haut fühlen, wenn man nie weiß, was der nächste Tag bringen wird. Das wirft einen aus dem Gleichgewicht. Bieten Sie Kindern ein geordnetes Leben mit vernünftigen Regeln, und verlangen Sie, dass diese Regeln befolgt werden. Kinder testen Grenzen, einfach um zu wissen, ob Sie wirklich meinen, was Sie sagen. Wenn die Regeln gerecht sind, spielt es keine Rolle, ob sie dem Kind gefallen oder nicht. Das ist nur bei wenigen Regeln der Fall. Das heißt aber nicht, dass das Kind nicht dankbar dafür ist und sich sicherer damit fühlt. Man muss sich sicher fühlen, wenn man sein Selbstgefühl stärken will. Dabei können Sie dem Kind helfen.

10. Kinder müssen die Verantwortung für ihr Verhalten übernehmen.

Wenn Ihr Kind eine Fensterscheibe zerbricht, ist es seine Aufgabe herauszufinden, wie es die Scheibe ersetzen kann. Seine Fehler sind ihm ebenso zuzuschreiben wie seine Erfolge. Wenn es zu spät zum Abendessen kommt, ist das sein Problem – nicht Ihres. Mit Schwierigkeiten umgehen zu lernen, gehört zur Entwicklung von Selbstachtung. Es bedeutet, dass das Kind Einfluss auf seine Umgebung hat. Wenn Ihr Kind ein Problem hat, dann helfen Sie ihm, Alternativen zu durchdenken, aber stellen Sie ihm die Antwort nicht immer bereit. Kinder von Alkoholikern fühlen sich hilflos. Das Leben ist ihnen eine Last. Sie brauchen Hilfe, um es in die Hand nehmen zu können. Ermutigen Sie die Kinder, Neues auszuprobieren. Der Erfolg ist dabei nicht so wichtig wie der Versuch. Man kann zwar nichts falsch machen, wenn man nichts versucht, hat aber auf diesem Wege auch keinerlei Erfolge. Jedes kleine Gelingen sollte unterstützt werden.

Überlegen Sie, was Ihr Selbstwertgefühl anhebt. Bieten Sie Ihren Kindern die gleichen Dinge an. Die Selbstachtung erfährt, während man älter wird, ohne harte Arbeit keine Veränderungen. Arbeiten Sie als Familie daran. Sie haben als Familie gelitten – gespalten durch den Alkoholismus. Genesen Sie jetzt als Familie – aufgrund des Alkoholismus vereint.

Ironischerweise kann das schreckliche Leiden, das Ihre Familie getroffen hat, auch als sein eigenes Gegenmittel eingesetzt werden. Aufgrund des Alkoholismus sind Sie sich selbst und Ihres Bedürfnisses nach einer wirklich gut laufenden Familie bewusst geworden. Nutzen Sie das zu Ihrem Vorteil. Durch die Macht des persönlichen Wachstums und des gesteigerten Selbstwertgefühls wird der Alkoholismus unschädlich gemacht. Ihre Kinder werden stärker sein, weil sie sich mit der Realität auseinander gesetzt haben. Sie werden unempfindlicher sein, weil sie den Schmerz erfahren und sich ihm gestellt haben. Wir wachsen an den Herausforderungen in unserem Leben. Wir wachsen an den schweren Zeiten, nicht an den leichten. Sie können so als Familie erfüllter leben, als wenn Sie niemals gezwungen worden wären, sich mit sich selbst zu konfrontieren. Wenn Sie Ihren Kindern helfen, Selbstachtung zu entwickeln, helfen Sie damit auch sich, und Ihre Selbstachtung hilft wiederum Ihren Kindern weiter. Diesmal verläuft die Spirale aufwärts. Langsam aber sicher wandeln sich alte Verhaltensmuster, und jetzt nehmen Sie den Fahrersitz ein – *weil Sie es wert sind*!

Zum Abschluss

Es gibt auf dem Gebiet des Alkoholismus drei Aussagen, über die man sich einig zu sein scheint:

1. Alkoholismus tritt selten als Einzelfall auf, sondern liegt in der Familie. Meistens gibt es noch weitere Menschen im engeren oder weiteren Umkreis der Familie, die an dieser Krankheit leiden oder an ihr gelitten haben.
2. Bei Kindern von Alkoholikern besteht ein größeres Risiko, an Alkoholismus zu erkranken, als bei Kindern der übrigen Bevölkerung. Der Einfluss der Umgebung und genetische Einflüsse oder die Kombination von beiden sind als Ursache im Gespräch, aber die Gültigkeit dieser Aussage steht außer Frage.
3. Kinder von Alkoholikern haben die Tendenz, Alkoholiker zu heiraten. Selten gehen sie mit dem Wissen darum in die Ehe, aber wir beobachten dieses Phänomen immer wieder.

Diese Aussagen zeigen die unbestreitbaren Verbindungen zwischen sämtlichen Aspekten – die sich vielleicht darüber hinaus auch untereinander bedingen – des Familienleidens, das wir Alkoholismus nennen. Die charakteristischen Züge des Alkoholikers und der Reaktionen der Familie beeinflussen – wie ich in *Marriage on the Rocks* ausgeführt habe – eindeutig die Wesenszüge der erwachsenen Kinder von Alkoholikern, wie sie in diesem Buch besprochen wurden.

In *Marriage on the Rocks* spreche ich über Eigenschaften, die bei Alkoholikern weit verbreitet sind, wie a) übermäßige Abhängigkeit; b) die Unfähigkeit, Emotionen auszudrücken; c) geringe Frustrationstoleranz; d) emotionale Unreife; e) ein hohes Maß an Angst in zwischenmenschlichen Beziehungen; f) geringe Selbstachtung; g) Großspurigkeit; h) Isolationsgefühle; i) Perfektionismus; j) Ambivalenz gegenüber Autoritäten; k) Schuldgefühle.

Die Familie reagiert darauf mit: a) Verleugnung; b) in Schutz nehmen, Mitleid – Sorge um den Trinker/die Trinkerin; c) Scham, Vermeiden von Situationen, in denen Alkohol getrunken wird; d) Wechsel der Beziehungspositionen – Dominanz, Machtübernahme, Selbstbeschäftigung; e) Schuldgefühlen; f) Besessenheit, ständiger Sorge; g) Angst; h) Lüge; i) falschen Hoffnungen, Enttäuschung, Euphorie; j) Verwirrung; k) sexuellen Problemen; l) Ärger; m) Lethargie, Hoffnungslosigkeit, Selbstmitleid, Gewissensbissen, Verzweiflung.

Wenn wir noch einmal einen Blick auf die Wesenszüge werfen, die bei erwachsenen Kindern von Alkoholikern vorherrschen, fällt es nicht schwer, zwischen diesen Zügen und ihren Erfahrungen als Kinder sowohl von alkoholabhängigen Müttern oder Vätern als auch von Müttern oder Vätern, die mit dem Alkoholiker/der Alkoholikern leben (Co-Abhängigen), Verbindungen zu ziehen. Zu jedem Wesenszug trägt ein Teil der Eigenschaften bei, die – wie gerade besprochen – sich beim Alkoholiker und beim Co-Abhängigen herausbilden. Vielleicht möchten Sie meine Liste ergänzen oder abändern. Die Wahrnehmungen können unterschiedlich sein, aber die Verbindungen werden unabhängig von diesen Unterschieden offensichtlich.

1. Erwachsene Kinder von Alkoholikern haben keine klare Vorstellung davon, was normal ist.
   (A=Alkoholiker; CO=Co-Abhängiger)
   A: b, g, j; CO: aa, dd, hh, ii, jj
2. Erwachsenen Kindern von Alkoholikern fällt es schwer, ein Vorhaben von Anfang bis Ende durchzuführen.
   A: c, f, i; CO: ff, jj, mm
3. Erwachsene Kinder von Alkoholikern lügen, wo es ebenso leicht wäre, die Wahrheit zu sagen.
   A: g, i, j; CO: aa, ee, hh, ii, jj
4. Erwachsene Kinder von Alkoholikern verurteilen sich gnadenlos.
   A: i, j, k; CO: ee

5. Erwachsenen Kindern von Alkoholikern fällt es schwer, Spaß zu haben.
A: a-k; CO: aa-mm
6. Erwachsene Kinder von Alkoholikern nehmen sich sehr ernst.
A: e, f, j, k; CO: aa-mm
7. Erwachsene Kinder von Alkoholikern haben Schwierigkeiten mit intimen Beziehungen.
A: a, b, c, d, e, k; CO: aa, dd, jj, kk, ll
8. Erwachsene Kinder von Alkoholikern zeigen eine Überreaktion bei Veränderungen, auf die sie keinen Einfluss haben.
A: c, i; CO: dd
9. Erwachsene Kinder von Alkoholikern suchen ständig Anerkennung und Bestätigung.
A: a, d, f, i, j; CO: ff, gg
10. Erwachsene Kinder von Alkoholikern haben meistens das Gefühl, anders zu sein als andere Menschen.
A: e, f, h,; CO: cc, jj
11. Erwachsene Kinder von Alkoholikern sind entweder übertrieben verantwortlich oder total verantwortungslos.
A: a-k; CO: aa-mm
12. Erwachsene Kinder von Alkoholikern sind extrem zuverlässig, auch wenn offensichtlich ist, dass etwas oder jemand diese Zuverlässigkeit gar nicht verdient.
A: a; CO: aa, bb, gg, ii
13. Erwachsene Kinder von Alkoholikern neigen dazu, sich mit Verhaltensweisen festzurennen, ohne alternative Handlungsmöglichkeiten oder eventuelle Konsequenzen ernsthaft zu bedenken. Diese Impulsivität führt zu Verwirrung, Selbstverachtung und Kontrollverlust über ihre Umgebung. Das Resultat ist, dass sie mehr Energie aufbringen müssen, um das Durcheinander zu beheben, als wenn sie vor jedem Handeln erst einmal Alternativen und Konsequenzen durchdacht hätten.
A: c, d, g, j; CO: ii, jj, ll

Alkoholiker:

a) übermäßige Abhängigkeit
b) Unfähigkeit, Emotionen auszudrücken
c) geringe Frustrationstoleranz
d) emotionale Unreife
e) ein hohes Maß an Angst in zwischenmenschlichen Beziehungen
f) geringe Selbstachtung
g) Großspurigkeit
h) Isolationsgefühle
i) Perfektionismus
j) Ambivalenz gegenüber Autoritäten
k) Schuldgefühle

Co-Abhängige:

aa) Verleugnung
bb) in Schutz nehmen, Mitleid – Sorge um den Trinker/die Trinkerin
cc) Scham, Vermeiden von Situationen, in denen Alkohol getrunken wird
dd) Wechsel der Beziehungspositionen – Dominanz, Machtübernahme, Selbstbeschäftigung
ee) Schuldgefühle
ff) Besessenheit, ständige Sorge
gg) Angst
hh) Lüge
ii) falsche Hoffnungen, Enttäuschung, Euphorie
ij) Verwirrung
kk) sexuelle Probleme
ll) Ärger
mm) Lethargie, Hoffnungslosigkeit, Selbstmitleid, Gewissensbisse, Verzweiflung

Das zeigt sehr deutlich, auf welche Weise erwachsene Kinder von Alkoholikern ein Produkt ihrer Umgebung sind. Wir können von Glück reden, dass wir etwas über die vom Alkoholismus geprägte häusliche Umgebung wissen, weil wir dadurch Zugang zu Antworten auf Fragen haben, die sonst vielleicht unbeantwortet blieben. Wenn Wissen befreit – und daran glaube ich –, ist unser Wissen um das Geschehen und seine Folgen ein wichtiges Werkzeug, um verstehen zu können, wer Sie sind und warum Sie so sind. Das Ratespiel hat ein Ende, die Selbstanklage verliert ihre Macht, und Sie können frei entscheiden, was Sie bearbeiten wollen. Sie sind nicht länger das Opfer. Sie sind der Mittelpunkt Ihres eigenen Universums. Was für ein wunderbarer Ort.

Wenn Sie sich gedrängt oder getrieben fühlen, dann verurteilen Sie diese Gefühle nicht. Erforschen Sie sie, und lassen Sie sie dann los, um Ihre innere Ruhe zu behalten und weiter dem Fluss des Lebens zu folgen.

Das Leben ist ein Abenteuer. Sich drehend und windend nimmt es den Weg, den es nehmen muss, und Sie befinden sich im Zentrum und lassen zu, dass es seinen Lauf nimmt. Das ist die friedliche und gelassene Haltung, wie auch die Anonymen Alkoholiker sie vertreten und wie sie in wohltuenden Weisheiten zum Ausdruck kommt wie: »Durch Leichtigkeit geschieht es«, »Eins nach dem anderen« und »Lass los und lass Gott tun.«

Das Leben ist ein immer währender Prozess. Wenn Sie zentriert sind, wenn Sie Ihre Gefühle, Gedanken und Wünsche unter Kontrolle haben, reisen Sie durch das Leben, schlagen unterwegs viele kleine Pfade ein und können jede Phase von ganzem Herzen genießen. Wenn Sie das Zentrum Ihres eigenen Lebens sind und sich nicht von Ihren eigenen Impulsen und den Wünschen anderer hin- und herziehen lassen, werden Sie ein Gefühl von Klarheit und Gelassenheit verspüren und sich innerlich wirklich wohl fühlen.

Darum geht es in diesem Buch. Es bietet Ihnen an herauszufinden, wo Sie einmal waren, und wo Sie jetzt stehen. Es legt das Heute und das Gestern fest in Ihre Hand. Sie haben die Wahl, wie Sie sich auch immer entscheiden mögen. Sie stehen unter Ihrer eigenen Obhut – und das ist das Einzige, worauf es wirklich ankommt.

Anmerkungen

1 Coopersmith, S., *Self-Concept Research Implications for Education.* Vortrag gehalten vor der American Education Research Association, Los Angeles, CA, 6. Februar 1969.

2 Bailey, M.B., *Alcoholism and Family Casework.* New York: National Council on Alcoholism, New York City Affiliate Inc., 1968.
Hecht, M., *Children of Alcoholics Are Children at Risk*, in: *American Journal of Nursing* 73(10), Oktober 1973, S. 1764-1767.

3 Cork, Margaret, *The Forgotten Children.* Toronto, Alcohol and Drug Addiction Research Foundation, 1969, S. 36.

4 Coopersmith, S., *Antecedents*; Rosenberg, Morris, *Society and the Adolescent Self-Image.* Princeton, New Jersey: Princeton University Press, 1965.

5 Woititz, J., Doctoral Dissertation. New Brunswick, New Jersey: May 1976.

6 Auch Faktoren wie Geschlecht, Religion, Beruf und Geschwisterfolge haben sich als statistisch bedeutungslos erwiesen.

Hilfreiche Literatur und Adressen

Literatur

Arenz-Greiving, Ingrid, *Die vergessenen Kinder. Kinder von Suchtkranken*. Wuppertal: Blaukreuz, 4. Aufl. 1998
Beattie, Melody, *Die Sucht, gebraucht zu werden*, München: Heyne, 5. Aufl. 1998
Beattie, Melody, *Unabhängig sein. Jenseits der Sucht, gebraucht zu werden*, München: Heyne, 5. Aufl. 1997
Bepko, Claudia/Krestan, Jo-Ann, *Das Superfrauen-Syndrom. Vom weiblichen Zwang, es allen recht zu machen*, Frankfurt/Main: Fischer Taschenbuch 1994
Bertenghi, Claudia, *Kinder drogenabhängiger Eltern*. Zürich: Pro Juventute 1997
Boss, Monika/Trinkus, Regine: *Aber sag es niemandem! Ein falsches Familiengeheimnis*, Ebmatingen (Schweiz): Adonia 1998
Körkel, Joachim (Hrsg.): *Rückfall muss keine Katastrophe sein. Ein Leitfaden für Abhängige und Angehörige*. Wuppertal: Blaukreuz, 3. Aufl. 1996
Kolitzus, Helmut, *Die Liebe und der Suff ... Schicksalsgemeinschaft Suchtfamilie*. München: Kösel, 3. Aufl. 1998
Lambrou, Ursula, *Familienkrankheit Alkoholismus. Im Sog der Abhängigkeit*, Reinbek bei Hamburg: Rowohlt Taschenbuch 1990
Lindemann, Frank/Flügel, Anke u.a., *Den Suchtkreislauf durchbrechen. Hilfen für Kinder aus suchtbelasteten Familien*. Geesthacht: Neuland-Verlagsgesellschaft 1999
Mellody, Pia, *Verstrickt in die Probleme anderer. Über Entstehung und Auswirkung von Co-Abhängigkeit*, München: Kösel, 4. Aufl. 1998

Mellody, Pia/Miller, Andrea Wells, *Wege aus der Abhängigkeit. Ein Selbsthilfebuch*, München: Kösel, 4. Aufl. 1999
Wardetzki, Bärbel, *Weiblicher Narzissmus. Der Hunger nach Anerkennung*, München: Kösel, 10. Aufl. 1999

Adressen

Deutschland
Al-Anon /AA (Anonyme Alkoholiker): Im Telefonbuch entweder unter Al-Anon oder AA zu finden.

Al-Anon/Alateen
Zentrales Dienstbüro
Emilienstr. 4
45128 Essen
Tel.: 0201-77 30 07 (Mo 8.30–19.00; Di–Do 8.30–17.00; Fr 8.30–15.00)
Fax: 0201-77 30 08
E-mail: al-anon.zdb@t-online.de
www.al-anon.de

Blaues Kreuz in Deutschland e.V.
Freiligrathstr. 27
42289 Wuppertal-Barmen
Tel.: 0202-6 20 03-0
Fax: 0202-6 20 03-81
E-mail: *bkd@blaues-kreuz.de*

Blaues Kreuz in der Evangelischen Kirche
Bundesverband e.V.
Märkische Straße 46
44141 Dortmund
Tel. und Fax: 0231-5 86 41 32
E-mail: *bke@blaues-kreuz.org*

Guttempler in Deutschland
Deutscher Guttempler-Orden (I.O.G.T.) e.V.
Adenauerallee 45
20097 Hamburg
Tel.: 040-24 58 80
Fax: 040-24 14 30
E-mail: *info@guttempler.de*

Kreuzbund e.V.
Selbsthilfe- und Helfergemeinschaft für Suchtkranke
und deren Angehörige
Münsterstr. 25
59065 Hamm
Tel.: 02381-6 72 72-0
Fax: 02381-6 72 72 33
E-mail: *info@kreuzbund.de*

Selbsthilfekontakt und Informationsstelle e.V. (SEKIS)
Albrecht-Achilles-Str. 65
10709 Berlin
Tel.: 030-89 26 602

Deutsche Hauptstelle für Suchtfragen (DHS)
Westring 2
59065 Hamm
Tel.: 02381-901 50
E-mail: *info@dhs.de*
(nur Informationsmaterial, keine Beratung)

Weitere Adressen von Selbsthilfeverbänden und weiterführender Literatur finden Sie auch unter *www.neuland. com/adressen*

Österreich
Al-Anon Familiengruppen
Dienstbüro
Postfach 117
A-6600 Reutte/Tirol
Tel./Fax: (0043) 05672-72651

Schweiz
Al-Anon Familiengruppen
Dienstbüro
Postfach 103
CH-4601 Olten
Tel./Fax: (0041) 062-296 52 16
E-mail: alanon@bluewin.ch